Les livres de morale de nos grands-mères

Archives & Culture

ISBN 2-35077-033-8

Introduction

Cet ouvrage reproduit un livre de morale datant de la fin des années 1880, *Le Livre de morale et d'instruction civique des écoles primaires*, destiné au cours élémentaire. Rédigé par un inspecteur de l'Enseignement primaire, Louis Boyer, dans la droite ligne des lois Jules Ferry, il s'inscrit dans la promotion d'un enseignement laïque et républicain. Ce livre a connu un grand succès et plus d'une trentaine d'éditions ; il a été utilisé par nos grands-parents jusque dans les années 1920. Le sous-titre indique bien la méthode pédagogique adoptée par l'auteur : «Lectures, historiettes, maximes, résumés, récitations». Les histoires et poésies données dans l'ouvrage sont toujours suivies d'un questionnaire donnant à réfléchir. Pas de réponse dans l'ouvrage : c'est à l'élève de donner les siennes, à l'issue d'un dialogue avec le maître. Une ou plusieurs courtes maximes clôturent chaque chapitre, acompagnées d'un «résumé» de ce qu'on juge bon que l'enfant retienne et médite. Enfin, plus de 300 gravures illustrent l'ouvrage, pour la joie et le plaisir des enfants à une époque où l'écrit et les images sont encore peu diffusés dans toutes les couches de la société.

Un autre ouvrage, dont nous donnons des extraits dans cette introduction, publié vingt ans plus tard, s'intitule *La première année de récitation, avec 308 gravures.* Toujours ce même souci de l'image pour plaire aux petits, images qui, cette fois, sont légendées et peuvent se lire indépendemment du texte, comme de petites bandes dessinées. Le sous-titre est très ressemblant : «Résumés, morales, maximes, notes». Beaucoup de petits récits sont les mêmes que dans

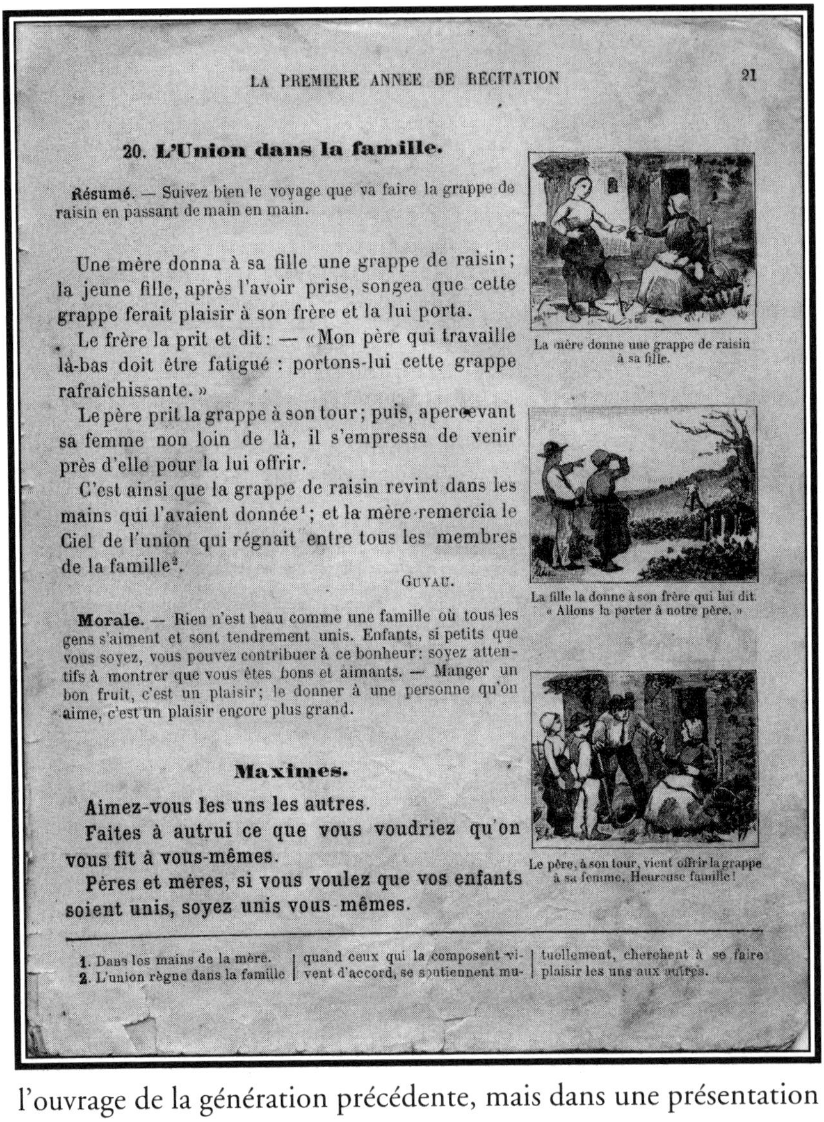

LA PREMIERE ANNEE DE RECITATION 21

20. L'Union dans la famille.

Résumé. — Suivez bien le voyage que va faire la grappe de raisin en passant de main en main.

Une mère donna à sa fille une grappe de raisin; la jeune fille, après l'avoir prise, songea que cette grappe ferait plaisir à son frère et la lui porta.

Le frère la prit et dit : — « Mon père qui travaille là-bas doit être fatigué : portons-lui cette grappe rafraîchissante. »

Le père prit la grappe à son tour; puis, apercevant sa femme non loin de là, il s'empressa de venir près d'elle pour la lui offrir.

C'est ainsi que la grappe de raisin revint dans les mains qui l'avaient donnée[1]; et la mère remercia le Ciel de l'union qui régnait entre tous les membres de la famille[2].

GUYAU.

La mère donne une grappe de raisin à sa fille.

La fille la donne à son frère qui lui dit « Allons la porter à notre père. »

Le père, à son tour, vient offrir la grappe à sa femme. Heureuse famille!

Morale. — Rien n'est beau comme une famille où tous les gens s'aiment et sont tendrement unis. Enfants, si petits que vous soyez, vous pouvez contribuer à ce bonheur : soyez attentifs à montrer que vous êtes bons et aimants. — Manger un bon fruit, c'est un plaisir; le donner à une personne qu'on aime, c'est un plaisir encore plus grand.

Maximes.

Aimez-vous les uns les autres.

Faites à autrui ce que vous voudriez qu'on vous fît à vous-mêmes.

Pères et mères, si vous voulez que vos enfants soient unis, soyez unis vous-mêmes.

1. Dans les mains de la mère.
2. L'union règne dans la famille quand ceux qui la composent vivent d'accord, se soutiennent mutuellement, cherchent à se faire plaisir les uns aux autres.

l'ouvrage de la génération précédente, mais dans une présentation modifiée. En tête, on a toujours un résumé de quatre lignes, immédiatement sous le titre. Ensuite le récit. Puis la morale, de quatre à six lignes. Enfin une ou plusieurs maximes brèves pour mémoriser la ou les leçons à tirer de l'historiette.

Des cours de morale dans quel cadre ?

De Jules Ferry jusqu'aux années 1970, on a enseigné aux enfants de l'école primaire ce que l'on appelait, selon les années, «la morale» ou «l'instruction civique» : en fait, des règles de vie en société, dans le cadre administratif et historique d'un pays bien précis, la France.

La loi du 28 mars 1882 inscrit l'instruction morale et civique au premier rang des disciplines enseignées à l'école primaire et la présente en ces termes : «L'enseignement de la morale doit s'appuyer sur des exemples, des récits, des observations familières, des maximes empruntées à l'expérience. L'on recommande que le premier quart d'heure de chaque journée de classe soit consacré à l'enseignement de la morale.»

Les enfants de six à sept ans reçoivent cette instruction dès la classe enfantine, selon un cadencement qui reste le même à un demi-siècle d'intervalle :

« Les bluets dont tu parles, ma mère, ce sont mes yeux. »

– d'octobre à novembre, l'instituteur commence par ce que l'élève connaît le mieux : la vie familiale sous forme de causeries et de lectures, avec des jolis textes sur le père, la mère, l'amour pour ses parents, le respect et l'obéissance qu'on leur doit, la reconnaissance qu'il faut manifester à leur égard... avec, fin novembre, quelques textes sur les devoirs vis à vis de ses frères et sœurs ou vis à vis de ses maîtres ou de ses serviteurs (des statuts très fréquents à ces époques-là)

« La fleur dont tu parles, ma mère, c'est ma bouche, quand je t'embrasse. »

– au mois de décembre, le cours de morale porte sur l'école : pourquoi

Les petits soldats marchent comme de vieux braves.

faut-il y aller ? quels sont les devoirs de l'écolier envers lui-même comme envers son maître ?...
– en janvier, on aborde les devoirs envers sa patrie, en évoquant, dans cette France meurtrie par la guerre de 1870 puis bientôt par celle de 1914-1918, les «souvenirs des vieux soldats», les «vaillants du temps jadis», mais aussi le respect dû aux lois prescrites par l'Etat
– en février, l'enfant apprend des règles de vie corporelle : propreté, tempérance, sobriété, nécessité de l'exercice physique...
– en mars et en avril, les leçons portent plutôt sur les qualités et les défaut individuels : goût du travail et de l'étude, sens de l'ordre et de la justice, de l'économie et de l'épargne, prévoyance, avarice et prodigalité, passion du jeu, jalousie, mensonge et vérité, volonté, persévérance, courage...

Le soir, le paresseux bâille et dort.

– en mai et en juin, sont précisés les devoirs vis à vis de la société dans son ensemble : justice, charité, dévouement, goût de la liberté mais respect des autres...

Pour s'instruire dans les livres et y apprendre à devenir un honnête homme, il faut savoir lire.

Enfin, même si les deux sont rassemblés dans un même livre, les élèves de Jules Ferry ont bien deux cours séparés, morale d'un côté, instruction civique de l'autre, avec un programme toujours aussi précis. Les notions abordées sont déjà celles qu'un instituteur actuel continue à enseigner à ses élèves.

Avant 1789, des gens venaient, au nom du roi, réclamer des impôts de toutes sortes.

Dans le manuel, vous trouverez les pages spécifiquement «instruction civique» en fin d'ouvrage, cadencées par mois elles aussi. Octobre glorifie la Révolution française, novembre précise les notions de liberté, égalité, propriété, le droit de vote et les différentes formes de gouvernement, décembre les devoirs du citoyen (obéissance aux lois, obligation scolaire, paiement de l'impôt, devoir de voter), janvier le fonctionnement de l'administration communale et départementale, février le pouvoir législatif, mars le pouvoir exécutif, avril le pouvoir judiciaire, mai la force publique, juin les différentes sortes d'impôts et l'organisation de l'instruction publique.

Dans les chaumières, on n'avait qu'une pauvre nourriture.

L'instituteur cherche en éducation civique à inculquer les valeurs républicaines, comme en témoignent ces extraits de cahiers d'écoliers : «Chaque électeur est lui-même au moment du vote le représentant de la nation entière qui, confiant une charge, impose un devoir. Il doit voter non seulement pour lui mais aussi pour la nation. Le vote est comparable au verdict du juré» ; «Dans une république démocratique, point de maîtres

Dans les chaumières, on n'avait qu'une pauvre nourriture.

Aussitôt le Loup s'enfuit, aimant mieux être libre que d'être bien nourri.

et points de sujets ; il n'y a que des citoyens, c'est-à-dire des hommes libres, ayant tous les mêmes droits et soumis à toutes les mêmes lois» ; «La République est la forme de gouvernement la plus belle, la plus juste et la meilleure. C'est le gouvernement des hommes libres, de ceux qui veulent et savent se gouverner par eux-mêmes».

« Que fais-tu donc sur cette plante ? dit l'écolier à l'abeille.— Du miel, répond l'abeille. »

La morale en exercice

La morale n'est pas l'objet que de cours magistraux, où l'élève doit absorber certaines notions : elle fait l'objet d'exercices écrits... En effet, les sujets de rédaction, tout au long de l'école et au certif, peuvent piocher aussi bien dans l'histoire ou la création d'une scène imaginaire, que dans le développement d'une maxime ou d'un précepte moral. Elle rejoint fondamentalement les valeurs chrétiennes, même si la religion n'est en aucun cas évoquée dans des programmes définis comme laïques. Evoquons à titre d'exemple quelques sujets d'exercices, cités dans l'ouvrage *Les écoliers et leurs maîtres en France d'autrefois* :

Imite l'abeille, mon enfant ; et travaille comme elle.

– Dans une lettre à un ami vous parlerez de deux élèves dont l'un est persévérant et l'autre ne l'est pas. Le premier est reçu à son examen pour le certificat d'études, et l'autre est refusé. Vous montrerez ensuite que

Les enfants vont à l'école. Ils se hâtent pour ne pas arriver en retard.

la persévérance n'est pas moins utile dans la vie qu'à l'école et qu'elle peut conduire à tout.
– Paul était pauvre ; il est devenu riche en mettant en pratique ce proverbe : les petits ruisseaux font les grandes rivières. Faites l'histoire de Paul.
– Distinguez la probité du courage et du dévouement.
– Notre intérêt et notre devoir sont-ils toujours d'accord ? Citez des exemples où ils sont opposés l'un à l'autre. Doit-on sacrifier l'intérêt au devoir ou le devoir à l'intérêt ? Pourquoi
– Marcel a obtenu la place de premier en copiant sa composition dans un livre. Deux de ses camarades, Henri et Louis, l'ont vu. Henri l'a dénoncé. Le maître a dit à Marcel et à Henri ce qu'il pensait de leur conduite. Qu'a-t-il dit ?

Les bons écoliers aiment l'école.

Parfois, les morales recopiées par les élèves sont d'un usage fort immédiat, comme le montre cette surprenante série, donnée à recopier à des enfants de sept ans de Marcilly-sur-Vienne (Indre-et-Loire) :

Quand les enfants ont bien travaillé, ils jouent avec plus de plaisir.

– Vendredi 6 décembre : Morale : Ma maîtresse se donne beaucoup de mal pour m'instruire. Elle s'intéresse à tous les élèves et, comme une mère, elle est prête à donner sa vie pour eux.

Les enfants arrivent à l'école *avant* l'heure de l'entrée. Ils en sont tout joyeux.

– Lundi 9 décembre : Morale : Je montrerai toujours à ma maîtresse que je l'aime.
– Vendredi 13 décembre : J'obéirai toujours à ma maîtresse.
– Lundi 16 décembre : Je serai toujours poli et respectueux envers ma maîtresse.
– Mardi 17 décembre : Je me souviendrai toujours de tout ce que ma maîtresse a fait pour moi.
– Mercredi 18 décembre : Je serai toujours un bon élève. Etc.

Et comme l'idée a fini par passer, voici les phrases construites par l'un des élèves en janvier pour un exercice de grammaire :
– Contruisez cinq phrases avec le mot «malgré» : «Malgré la neige, je vais à l'école. Malgré la chaleur, je travaille avec ardeur...»
– Contruisez cinq phrases avec le mot «quand» : «Quand je travaille bien, la maîtresse est contente. Quand mes devoirs sont faits, je vais jouer. Quand mon goûter est fini, j'apprends mes leçons...» (extrait de *Les écoliers et leurs maîtres en France d'autrefois*).

Une morale qui n'est pas hors du monde

Le respect de l'autre est inculqué tout au long de l'ouvrage, comme le respect dû à tout être humain, qui ne diffère de chacun

Elle était laide : son miroir le lui disait assez.

que par sa beauté, sa laideur (à chacun de la compenser par la beauté du cœur, assure la morale de l'histoire) ou sa différence de fortune (c'est-à-dire de rang social car la chance se construit). Il n'est pas question de différences de culture ou de nationalité dans un pays encore homogène, sans populations venues de l'extérieur. La seule petite histoire qui fait apparaître un personnage «exotique» évoque un esclave noir des Antilles, pour montrer qu'il est meilleur que son maître. En revanche, le respect dû à l'autre ne va en aucun cas jusqu'au respect de ses défauts : chacun a au contraire le devoir d'aider les autres à s'améliorer.

Elle était bonne autant qu'elle était laide.

L'école ne se tient pas hors du monde, notamment en cas de crises, et les guerres sont des crises majeures. Quand Jules Ferry instaure l'école laïque, gratuite et obligatoire, la guerre de 1870 est un traumatisme national tout récent. L'Alsace et la Lorraine perdues sont des blessures qui se lisent jusque dans les livres de morale et qui alimentent un esprit de revanche. L'armée est largement présente dans les pages consacrées à l'éducation civique (avec des chevaux et des trois-mâts ! On est encore loin des guerres industrielles du XXe siècle), le courage et le don de soi pour la nation en cas de conflit sont encouragés. Comme ces ouvrages seront utilisés jusqu'à l'Entre-Deux-Guerres, il est amusant de constater, dans l'ouvrage reproduit ici, qu'une main d'enfant a rajouté à la plume que «l'Alsace et la Lorraine sont redevenues françaises en 1919».

Le petit Franz demande à son père ce que c'est que la patrie. Le père répond à l'enfant que la patrie est la famille, d'abord...

De ce désir de revanche sont nés les héros d'un panthéon français, qui

... puis le village, la maison paternelle,

jalonnent l'histoire comme repères de base, bien plus que les mouvements sociaux ou économiques qui ont remué la société. Les instructions officielles de 1887 mettent en avant ces personnages, «dont la vertu simple peut être décrite sans altération devant ces esprits candides» : Charlemagne, Vercingétorix, Jeanne d'Arc, Bona-parte mais aussi Colbert ou Gambetta. Ferry dit aux instituteurs de «faire de l'histoire de France comme une histoire sainte».

... et toutes les provinces qui forment la France, sans oublier l'*Alsace-Lorraine*.

Quelles histoires pour quelle morale ?

Comme le renard ne peut grimper jusqu'aux raisins, il dit qu'ils sont trop verts.

Les fables de La Fontaine sont largement mises à contribution : *Le corbeau et le renard, Le renard et la cigogne, Le renard et les raisins, Le lion et le rat, La poule aux œufs d'or, Le renard et le bouc, Le laboureur et ses enfants*... Des fables déjà largement connues par la littérature de colportage jusqu'au fond des campagnes. Mais on trouve aussi des petits textes de Victor Hugo, Benjamin Franklin, Fénelon, des frères Grimm, Honoré de Balzac, René de Chateaubriand...

Ces histoires édifiantes ont marqué trois générations d'enfants. Elles sont ensuite restées en tête pour toute la vie, comme les refrains de chansons bien connues. Interrogées, des personnes âgées qui n'ont fait que quelques années d'école primaire expliquent qu'elles récitent toujours, soixante-dix ans plus tard, les fables et les historiettes à leurs arrière-petits-enfants ; un grand-père a même si souvent raconté l'histoire de cette grande sœur héroïque qui s'allonge entre les rails sur son petit frère pour l'empêcher d'être écrasé par le train que ses petits-enfants croyaient qu'il s'agissait d'une lointaine cousine... avant de découvrir son livre de classe ! Des souvenirs qui ont marqué pour toute une vie les écoliers en sarrau des hussards noirs de la République.

Le Renard fait toutes sortes de compliments au Corbeau.

Disparus pour mieux renaître ?

Les cours de morale ont été retirés des programmes, mais n'ont disparu des écoles primaires que dans les années 1960. Dans les campagnes même, les instituteurs les plus anciens ont continué à donner une réflexion morale hebdomadaire, portant souvent sur l'apprentissage de la politesse, jusqu'au milieu des années 1970.

Dans les écoles primaires d'aujourd'hui, les petites «chartes de l'élève», discutées en classe, votées par les enfants, tapées et distribuées en début d'année, remplacent les «morales du matin» d'autrefois. On y trouve beaucoup d'éléments communs, comme le comportement dans la cour, vis-à-vis des plus petits comme des adultes, l'écoute en classe, l'utilité du travail et de l'effort, le respect des autres et de leurs différences... Bref, de la morale sous une forme neuve.

LE

LIVRE DE MORALE ET D'INSTRUCTION CIVIQUE

DES ÉCOLES PRIMAIRES

MORALE

OCTOBRE

I. — LEÇONS PRÉLIMINAIRES

1re LEÇON. — Objet de la morale.

LECTURE [1].

1. — Le pouvoir de l'éducation.

Lycurgue prit un jour deux chiens nés de même père et de même mère. Il les éleva diversement et leur donna des habitudes contraires.

Un jour que les Lacédémoniens étaient réunis sur la place publique, Lycurgue leur dit :

« Vous ne vous préoccupez pas assez de bien élever vos enfants ; vous ne savez donc pas ce que peut l'éducation pour modifier les caractères ? » Et il fit conduire devant l'assemblée les deux chiens, en même temps qu'il faisait apporter un plat de soupe et un lièvre vivant.

---

1. Les morceaux de lecture et de récitation donnés dans chaque *Leçon* figurent dans la PARTIE DU MAITRE. Celle-ci contient en outre d'autres Lectures-récits, d'autres Récitations au texte et de nombreuses indications de Lectures, d'Historiettes et de Récitations comme sources, où le Maître pourra puiser pour intéresser ses élèves et rendre profitable son enseignement.

L'un des chiens se jeta avidement sur la soupe ; l'autre courut après le lièvre.

Lycurgue, s'apercevant que les Lacédémoniens ne voyaient pas où il voulait en venir, leur tint ce langage : « Ces deux chiens avaient même origine, même nature, étant nés de même père et de même mère ; mais ayant été élevés diversement, l'un est devenu gourmand et l'autre chasseur. »

(G. Compayré, *Éléments d'instruction morale et civique*[1].)

Questionnaire. — 1. Lycurgue avait-il donné les même habitudes à ses deux chiens ? — 2. Que dit-il ? — 3. Que fit-i

1. Paul Delaplane, éditeur

devant le peuple assemblé ? — 4. Que fit chacun des chiens ? — 5. Pourquoi agirent-ils différemment ?

MAXIMES.

Il faut être un honnête homme.
Sois honnête et bon dès ton enfance.

RÉSUMÉ.

La morale nous fait connaître nos devoirs. Elle nous apprend ce qui est bien et ce qui est mal, ce qu'il faut faire et ce qu'il faut éviter pour devenir des hommes honnêtes et estimés de tous.

Je veux être, je serai un honnête homme.

RÉCITATION.

1. — L'honnête homme.

L'honnête homme, c'est celui qui, tranquille, peut dire dans sa conscience : « Je n'ai rien à me reprocher, je n'ai fait de mal à personne, je n'ai fait de tort à personne, et j'ai fait tout le bien qui dépendait de moi. »

L'honnête homme, c'est le riche qui fait un noble usage de sa fortune, c'est le pauvre qui peut se dire : « Si peu que j'aie, ce peu est à moi, acquis par mon travail, à la sueur de mon front, et personne ne peut me le reprocher. » C'est le travailleur qui, au milieu des fatigues d'une vie laborieuse, vit sans remords et sans tourments, et s'endort en paix.

(DELAPALME, *Premier Livre de l'adolescence* [1].)

---

1. HACHETTE ET Cie, éditeurs.

2e LEÇON. — La conscience.

LECTURE.

1. — Le premier éveil de la conscience.

J'étais encore en jupons. Je n'avais pas plus de quatre ans. Par un beau jour de printemps, mon père me mena par la main à quelque distance de la ferme, et bientôt il m'ordonna d'y revenir seul. Sur ma route se trouvait un petit étang dont l'eau recouvrait en ce moment un assez large espace. J'aperçus une belle fleur épanouie et je me dirigeai de son côté. Arrivé là, je découvris une petite tortue tachetée qui se chauffait au soleil, dans l'eau peu profonde. J'allais lever mon bâton pour en frapper la pauvre bête ; car, bien que je n'eusse jamais tué la moin-

dre créature, j'avais pourtant vu d'autres enfants s'amuser à détruire des oiseaux et d'autres petits animaux, et j'avais envie de suivre leur exemple. Mais tout à coup quelque chose arrêta mon bras, et j'entendis en moi-même une voix claire et forte qui disait : « Cela est mal. » Très surpris de cette puissance inconnue qui, malgré moi, s'opposait à mes actions, je retins mon bâton jusqu'à ce que j'eusse perdu de vue la tortue et la belle fleur. Je courus raconter la chose à ma mère en lui demandant qui donc m'avait dit que c'était mal. Elle essuya une larme avec son tablier, et, me prenant dans ses bras, elle me dit : « C'est ta conscience. »

(*L'Instruction primaire*, 8e année.)

Questionnaire. — 1. Quel âge avait l'enfant dont il est question dans ce récit? — 2. Où son père le conduisit-il et qu'est-ce qu'il lui commanda? — 3. Qu'aperçut l'enfant en retournant et que découvrit-il? — 4. Qu'allait-il faire à la petite tortue et pourquoi? — 5. Qu'est-ce qui le détourna et que lui disait la voix qu'il entendit? — 6. Où l'enfant alla-t-il ensuite? — 7. Comment sa mère le reçut-elle et que lui dit-elle? — 8. Qu'est-ce que la conscience? — 9. Que devez-vous faire quand elle se fait entendre en vous?

MAXIMES.

Il faut toujours obéir à sa conscience.

Ne fais rien dont tu puisses rougir.

Le remords est la première punition du coupable.

RÉSUMÉ.

La conscience est cette voix intérieure qui nous commande de faire le bien et d'éviter le mal. Quand nous faisons le bien, elle nous approuve; quand nous faisons le mal, elle nous trouble et nous condamne.

J'écouterai toujours la voix de ma conscience.

RÉCITATIONS.

1. — La conscience.

Jamais je ne me trouve plus content que quand j'ai bien rempli mes devoirs. Alors je m'assieds à table avec plus de plaisir, je cours, je saute, je chante. Mais, si j'ai été paresseux, méchant, je n'ai plus aucun repos, et je ne sens aucun plaisir à manger ni à jouer. Ma conscience est là qui me tourmente, qui me dit que j'ai manqué à mes devoirs, et qu'en agissant ainsi, je ne deviendrai jamais homme de bien.

(X. Marmier, *l'Ami des petits enfants*[1].)

2. — Le loup et le chien.

Un loup (je ne sais trop comment) eut un chien pour ami. Un jour, ils firent route ensemble et devisèrent assez franchement, car les loups mêmes ont leurs moments de bonhomie.

Mais, à tout instant, la conversation s'arrêtait : au moindre bruit, quand une feuille tombait, quand l'ombre

d'un oiseau venait à passer, mon loup dressait l'oreille tout effrayé, et se préparait au combat ou à la fuite.

« Quelle mortelle inquiétude t'agite ? lui dit le chien ; je ne te vois pas une minute en repos. Marchons tranquille-

1. Hachette et Cie, éditeurs.

ment et libres de soucis. — Je ne puis, lui répondit l'animal féroce. — Mais que crains-tu ? — Je crains tout, car j'ai pour ennemi tout le monde. — Quoi ! tout le monde! Ah ! Je comprends, tu ne sais faire que le mal. »

(DUNAND, *Choix gradué de lectures morales et instructives*[1].)

3e LEÇON. — Le devoir.

LECTURE.

1. — Le devoir.

Enveloppé du grand tablier bleu de son père, Jacques laboure son jardinet.

Il fait bien chaud. De temps en temps, le petit jardinier

s'arrête, s'appuie sur sa bêche et s'essuie le front. A la fin, il abandonne son ouvrage et va s'asseoir sur un banc, à

1. A. Fouraut, éditeur.

l'ombre d'une verte charmille. Il s'étend, ses paupières se ferment... Il va s'endormir ?... Non ! Tout à coup Jacques se lève d'un bond, se frotte les yeux et court se remettre au travail avec ardeur. Que lui est-il donc arrivé ? Une fourmi l'a-t-elle piqué ? Une guêpe a-t-elle bourdonné trop près de sa figure ? Rien de tout cela. Au moment de s'endormir, Jacques s'est rappelé sa promesse : il s'est engagé à labourer tout le jardin avant la nuit. Ce qui l'a réveillé si subitement, c'est, je crois, la pensée du devoir.

(SUZANNE DOMPMARTIN, *Scènes enfantines*[1].)

Questionnaire. — 1. Que fait Jacques ? — 2. Pourquoi le petit jardinier s'arrête-t-il de temps en temps ? — 3. Que fait-il alors, et à quoi se laisse-t-il aller, à la fin ? — 4. S'endort-il ? — 5. Quelle détermination prend-il tout à coup ? — 6. Que lui est-il donc arrivé, peut-être ? — 7. Que s'est-il produit réellement dans l'esprit de Jacques ? — 8. Qu'est-ce donc qui l'a réveillé si subitement ? — 9. Doit-on rester sourd à la voix du devoir ?

MAXIMES.

Fais ce qui est bien : voilà le devoir.

Sachons toujours préférer notre devoir au plaisir ou à l'intérêt.

Le devoir avant tout.

On n'est jamais si content que lorsqu'on a rempli son devoir.

RÉSUMÉ.

Le devoir, c'est ce qu'il faut faire pour n'avoir rien à se reprocher.

La tentation du plaisir ou de l'intérêt rend parfois difficile l'accomplissement du devoir.

Je veux faire et je ferai toujours mon devoir, quelque pénible qu'il me paraisse.

1. SOULLIER, éditeur, à Genève.

RÉCITATIONS.

1. — Le bien pour le bien.

Trois enfants, trois amis, s'en allaient à leur classe.
« Si je travaille bien, mon père m'a promis,
Dit l'un, un louis d'or. » Le second des amis
Dit : « Je travaillerai pour que maman m'embrasse. »
Le dernier soupira : « Pour moi, je n'aurai rien,
Car je suis orphelin, je n'ai père ni mère;
Mais je m'efforcerai cependant de bien faire. »
Il faut faire le bien parce que c'est le bien.

(Louis Ratisbonne, *la Comédie enfantine*[1].)

---

2. — Une belle action.

En revenant de chez lui, le soir, Pierre voit le petit Marcel qui s'amuse à glisser sur l'étang gelé. Marcel fait une glissade et disparaît sous la glace, qui a craqué sous ses

pieds. Pierre se dit qu'il va peut-être se noyer lui-même en allant au secours du petit garçon. Mais Marcel se noiera sûrement si l'on ne vient pas à son secours. Pierre se met

1. Deux volumes in-12, cartonnés, 1 fr. 60. Charles Delagrave, éditeur.

à l'eau, au risque de ne pas revenir, et rapporte l'enfant.

Il a fait une belle action, un acte de courage, et chacun l'en félicite.

(Mme HENRY GRÉVILLE, *Instruction morale et civique des jeunes filles* [1].)

II. — LA FAMILLE

4e LEÇON. — Nécessité de la famille.

LECTURE.

1. — L'enfant sans famille.

Un jour, on vit arriver dans une ville d'Allemagne, à Kœnigsberg, un pauvre enfant de huit ans qui jusque-là avait vécu dans les bois. Il ne portait pour tout vêtement qu'une peau de bête. Il avait la tête nue et les pieds sans chaussure. Il ne savait point parler. Il n'avait aucune idée ni des hommes ni du bien. C'était un petit sauvage incapable de rien comprendre.

Il suffisait de le regarder pour s'apercevoir qu'il avait bien souffert de la faim et du froid.

Et cependant cet enfant, quelque misérable qu'il fût, n'avait pas grandi seul. Il avait été recueilli par un aventurier qui partageait avec lui le lait de ses brebis et la toison de ses moutons.

Seul, cet enfant serait mort; car l'enfant ne peut vivre isolé. La famille, au moins une famille d'adoption, est nécessaire à l'enfant comme la société l'est à l'homme fait.

(G. COMPAYRÉ, *Éléments d'instruction morale et civique* [2].)

Questionnaire. — 1. Dans quel état était l'enfant qui arriva à Kœnigsberg? — 2. De quoi avait-il souffert? — 3. Chez qui

---

1. G. DELARUE, éditeur.
2. PAUL DELAPLANE, éditeur.

avait-il été recueilli et avait-il grandi? — 4. Pourquoi n'aurait-il pas pu vivre isolé?

MAXIMES.

Heureux ceux qui ont dans leur jeune âge le secours d'un père et d'une mère.

Plaignons les malheureux orphelins et venons-leur en aide.

RÉSUMÉ.

La famille se compose du père, de la mère, des grands-parents et des enfants.

La famille est bien nécessaire à l'enfant, qui, sans elle, ne pourrait vivre.

Au milieu de mes bons parents, je sens combien doivent être malheureux les jeunes orphelins.

RÉCITATIONS.

1. — Petits enfants, y pensez-vous?

Enfants, quand votre bonne mère,
Le soir, vous tient sur ses genoux,
L'orphelin couche sur la terre...
Petits enfants, y pensez-vous?

Vous avez tout en abondance,
Caresses, bonbons et joujoux.
Lui ne connaît que la souffrance...
Petits enfants, y pensez-vous?

(BLANCHARD.)

2. — L'orphelin.

— Ne t'en va plus à l'aventure;
Reste avec nous, pauvre petit;
Je t'ai fait préparer un lit,
Et ne crains point qu'on en murmure.

Le ciel est noir, la terre est dure;
Le vent dans les arbres mugit :
Que deviendras-tu dans la nuit,
Sous la neige et sous la froidure?

— Mon père et ma mère sont morts,
Et, par dedans comme dehors,
Je suis tout seul sur cette terre!

— Pauvre enfant, calme ton chagrin :

Je vois ta peine, et l'orphelin
En moi va retrouver un père.

(DE GRAMMONT.)

5e LEÇON. — Le père.

LECTURE.

1. — Le père.

Dès la pointe du jour, votre père est debout. Quel que soit son métier, il ne recule ni devant la fatigue ni devant le danger; sa vie tout entière est consacrée au travail.

Souvent la sueur ruisselle de son front, souvent sa tête est bien lasse et aurait besoin de repos; mais il n'y songe pas, et il va jusqu'au bout de sa tâche sans faiblir. Il sait qu'il doit rapporter à la fin du jour, de la semaine, du mois, le prix de sa peine à votre mère, qui l'attend pour nourrir toute la famille, et il travaille avec courage pour gagner la vie des siens. C'est par des efforts incessants qu'il maintient le nécessaire dans la maison ou y introduit l'abondance. Si la maladie lui ôtait ses forces, si la mort

vous l'enlevait, qui donc subviendrait aux dépenses du ménage? Qui rapporterait à votre mère de l'argent pour acheter ce qui vous est nécessaire? Personne. Vous seriez alors bien malheureux.

Quand votre père rentrera le soir et qu'il vous prendra sur ses genoux, embrassez-le bien pour lui faire oublier toutes les fatigues de la journée.

(Caumont, *Lectures courantes des écoliers français*[1].)

Questionnaire. — 1. Que fait votre père dès la pointe du jour? — 2. A quoi consacre-t-il sa vie? — 3. Pourquoi travaille-t-il et pour qui? — 4. Qu'arriverait-il si la mort vous l'enlevait? — 5. Comment devez-vous donc vous conduire à l'égard de votre père, le soir, quand il rentre, et pourquoi?

MAXIMES.

Le père est le soutien de la famille.

Il y a un nom qui doit être béni entre tous, c'est celui de père.

RÉSUMÉ.

Mon père travaille sans relâche pour subvenir aux besoins de la famille. Il s'impose les plus grands sacrifices pour me faire instruire, afin d'assurer mon avenir. Son amour pour moi est sans bornes

J'aime bien mon père et je ne négligerai rien pour le rendre heureux.

1. Un volume in-12, cartonné. Charles Delagrave, éditeur.

RÉCITATIONS.

1. — Henri IV et ses enfants.

Un jour, l'ambassadeur d'Espagne est introduit auprès de Henri IV et s'arrête sur le seuil de la porte. Le roi mar-

chait à terre sur les mains et les genoux, portant sur son dos ses deux fils, auxquels il servait de monture; l'aînée de ses filles l'accompagnait, des guides à la main : le père et les enfants jouaient au cheval, sous les yeux de la reine, heureuse et ravie. « Monsieur l'ambassadeur, dit le roi, avez-vous des enfants? — Oui, Sire. — En ce cas, je peux achever le tour de la chambre. »

(D'après F.-L. Marcou [1].)

---

2. — Le père et la fille.

Elle avait pris ce pli, dans son âge enfantin,
De venir dans ma chambre un peu chaque matin.
Je l'attendais ainsi qu'un rayon qu'on espère.
Elle entrait et disait : « Bonjour, mon petit père! »

---

1. *Les Lectures de l'école*, cours élémentaire. Garnier frères, éditeurs.

Prenait ma plume, ouvrait mes livres, s'asseyait
Sur mon lit, dérangeait mes papiers, et riait;
Puis soudain s'en allait comme un oiseau qui passe.

Alors je reprenais, la tête un peu moins lasse,
Mon œuvre interrompue, et tout en écrivant,
Parmi mes manuscrits je rencontrais souvent
Quelque arabesque folle qu'elle avait tracée,
Et mainte page blanche entre ses mains froissée,
Où, je ne sais comment, venaient mes plus doux vers.

. . . .

Oh! que de soirs d'hiver radieux et charmants
Passés à raisonner langue, histoire, grammaire,
Mes quatre enfants groupés sur mes genoux, leur mère
Tout près, quelques amis causant au coin du feu!...
J'appelais cette vie être content de peu!...

(VICTOR HUGO, *les Contemplations.*)

6ᵉ LEÇON. — La mère.

LECTURE.

1. — La mère.

Pendant que ton père travaille aux champs du matin au soir, s'il est cultivateur ou vigneron, à la fabrique ou à l'atelier, s'il est ouvrier, ta mère ne travaille pas moins rudement à la maison. C'est elle qui prend soin de toi et de tes petits frères et sœurs ; c'est elle qui fait le ménage; c'est elle qui entretient la maison propre; c'est elle qui raccommode les vêtements de tous les siens; c'est elle qui fait la cuisine et pourvoit à ce que ton père trouve aux heures de repas une soupe chaude qui l'attend; c'est elle qui surveille l'emploi de tout l'argent de la maison, regardant à un sou dépensé inutilement, et qui, par cette économie sage, fait que le pain ne manque jamais et qu'il reste toujours au fond de l'armoire quelques pièces blanches pour payer, en cas de maladie, la visite d'un médecin ou acheter, aux jours de fête carillonnée, quelques vêtements neufs. Comment ton père pourrait-il veiller à tout cela, lui que son travail appelle et retient sans cesse au dehors? (CHARLES BIGOT, *le Petit Français*[1].)

Questionnaire. — 1. Quel est le rôle de la mère pendant que le père travaille aux champs ou à l'atelier? — 2. Quels soins donne-t-elle aux enfants? — 3. au ménage? — 4. à l'entretien de la maison? — 5. Qui est-ce qui prépare la soupe chaude pour le père, aux heures de repas? — 6. Qui règle les dépenses et les économies, pour parer aux besoins de la famille ou aux nécessités imprévues? — 7. Le père pourrait-il suffire à tant de soins sans le précieux concours de la mère? — 8. Que devez-vous donc en retour à votre mère?

MAXIMES.

Rien ne peut remplacer l'amour et les soins d'une mère.

---

1. G. DELARUE, éditeur.

Sans votre mère, petits enfants, que deviendriez-vous ?

RÉSUMÉ.

Ma mère dirige la maison et s'occupe des soins d ménage. C'est elle qui m'a nourri quand j'étais tout petit, qui m'a soigné quand j'étais malade, et qui veille sur moi nuit et jour.

J'aime bien ma mère et je ne négligerai rien pour la rendre heureuse.

RÉCITATIONS.

1. — La maman.

Qui nous aime dès la naissance ?
Qui donne à notre frêle enfance
Son doux, son premier aliment ?
C'est la maman.

Bien avant nous qui donc s'éveille ?
Bien après nous quel ange veille,
Penché sur notre front dormant ?
C'est la maman.

A nous rendre sages qui pense ?
Qui jouit de la récompense
Et s'afflige du châtiment ?
C'est la maman.

Aussi que devons-nous sans cesse
Bénir pendant notre jeunesse,
Chérir jusqu'au dernier moment ?
C'est la maman.

(Mme AMABLE TASTU.)

2

2. — Ma mère.

Ma mère, que j'aime beaucoup,
M'a donné tout.
J'aimerai cette bonne mère
Ma vie entière.
Elle m'a soigné tout petit,
On me l'a dit.
Elle a balancé ma couchette
Blanche et proprette;
M'apprit à marcher pas à pas,
Tenant mon bras;
A dire un mot, puis à tout dire,
Même à sourire.
Si je pleure, elle me console
D'une parole;
Et vite son baiser charmant
Me rend content.
Je veux rendre heureuse ma mère,
Ma vie entière,
Travailler et l'aimer bien fort
Jusqu'à la mort!

(Jean Aicard, *le Livre des petits* [1].)

3. — Petite mère, c'est toi!

La nuit, lorsque je sommeille,
Qui vient se pencher sur moi?
Qui sourit quand je m'éveille?
Petite mère, c'est toi!

Qui gronde d'une voix tendre,
Si tendre que l'on me voit
Repentant, rien qu'à l'entendre?
Petite mère, c'est toi!

1. Un volume in-12, cartonné, 1 fr. 25. Charles Delagrave, éditeur.

Qui pour nous est douce et bonne?
Au pauvre ayant faim et froid
Qui m'apprend comme l'on donne?
Petite mère, c'est toi!

Quand te viendra la vieillesse,
A mon tour veillant sur toi,
Qui te rendra ta tendresse?
Petite mère, c'est moi!

(Mme Sophie Hue, *les Maternelles.*)

7e LEÇON. — Les enfants gâtés.

LECTURE.

1. — Les enfants gâtés.

Ce défaut des parents qui gâtent trop leurs enfants, il

faut bien que messieurs les petits garçons et que mesdames les petites filles le sachent, ce sont eux qui en sont surtout coupables et responsables. Oui, quand un enfant est trop gâté, c'est la faute de cet enfant-là plus encore que celle de son papa et de sa maman.

Si, au lieu d'abuser de la trop grande faiblesse de leurs parents, ils s'arrêtaient d'eux-mêmes quand cette faiblesse va trop loin, ils n'exposeraient pas leur pauvre père et leur malheureuse mère au remords éternel d'y avoir succombé, et d'avoir fait, par suite, des créatures qu'ils adorent des créatures insupportables au genre humain tout entier.

Les enfants le savent mieux que moi, ils pourraient tous être plus raisonnables qu'ils ne le sont; ils pourraient bien ne pas forcer leurs parents, trop bons, à tomber si souvent dans le défaut de la gâterie.

Au lieu d'être opiniâtres, persistants, têtus dans un désir, dans une demande déraisonnable, ils pourraient bien, dès qu'ils voient la répugnance de leurs parents à les satisfaire, ils pourraient bien s'en tenir là.

Mais, au contraire, la mère a dit : « Non; » elle a dit plusieurs fois : « C'est impossible! » le méchant enfant continue la lutte. Les yeux de la chère maman sont pleins de larmes en voyant cette opiniâtreté; au lieu de sécher les larmes de sa mère par un baiser qui voudrait lui dire : « Tu as raison », il se met à pleurer jusqu'à ce que, désolée, la trop tendre mère ait cédé.

Que ne donnerais-je pas pour convaincre les enfants que, quand de bons parents, qui les aiment par-dessus tout, sont obligés de leur dire « Non », il ne faut pas qu'ils leur fassent répéter ce *non*, qui leur coûte toujours tant à dire!

Si, après un refus, l'enfant, à force d'importunités, obtient un *oui*, qu'il le sache bien, il a obtenu une chose désastreuse. C'est la plus triste des victoires que celle qu'un fils ou une fille remporte sur la raison d'un père et d'une mère.

Cette victoire-là devrait le faire pleurer ; car cette victoire, c'est son avenir tout entier qui la payera.

(P.-J. Stahl, *Morale familière* [1].)

Questionnaire. — 1. Qui, d'après la *Lecture*, est responsable de la faiblesse de certains parents à l'égard de leurs enfants ? — 2. Pourquoi ? — 3. Ces enfants pourraient-ils être plus raisonnables, et comment ? — 4. Que fait, au contraire, l'enfant gâté ? — 5. De quoi devrait-il être convaincu, en présence de la résistance de ses parents ? — 6. Quelle sera la triste conséquence de sa victorieuse obstination ? — 7. Quelle devra donc être votre conduite à l'égard de vos parents, lorsqu'ils ne pourront donner satisfaction à vos désirs ?

MAXIMES.

Les enfants gâtés sont détestables partout et à toute occasion.

N'abusons jamais de la bonté de nos parents.

L'enfant gâté fera le désespoir de sa famille.

RÉSUMÉ.

L'enfant gâté, habitué à voir tous ses caprices satisfaits, est insupportable à tout le monde ; il sera plus tard mécontent de tout, malheureux et peut-être porté à mal faire.

Je ne veux pas être un enfant gâté. Pour cela, je n'abuserai jamais de la bonté, de l'amour de mes parents, et, s'ils résistent à mes désirs, je n'insisterai pas, certain qu'ils ne peuvent ni ne doivent, dans mon

1. J. Hetzel et Cie, éditeurs.

propre intérêt, m'accorder tout ce que je leur demande.

RÉCITATIONS.

1. — La lune.

« Je veux qu'on me donne la lune! »
Criait un bébé fort gâté.
Sa petite maman, pour tout l'or de la terre,
Aurait voulu le satisfaire;
La grand'mère faillit aller chez les marchands
Demander s'ils vendaient des lunes pour enfants.
Le père, qui survint, était un peu plus sage :
« Viens avec moi, dit-il, je vais te la donner. »
Sans en demander davantage,
Le petit se laissa tout de suite emmener.
Une montagne était voisine : [monta.
« Viens, la lune est là-haut, » dit le père. — On
Au bout de quelque temps, le marmot s'arrêta :
« Papa, c'est-il bien loin? — Oui, fort loin! » On
[chemine.
« Je suis bien fatigué, papa, reprend l'enfant.
— Alors tu n'en veux plus? » Un silence éloquent
Fut la seule réponse. On revint à la brune.
Mais à l'astre des nuits Bébé garda rancune
Et jamais plus n'en reparla.

(STOP, *Bêtes et Gens*.)

---

2. — Pauvre petit.

« Pauvre petit, de l'école chassé!
Viens, mon fils ; ces maîtres sévères
N'ont point des entrailles de mères.
Viens donc, et, dans mes bras pressé,
Disait la mère, oublions leurs colères. »

Dix ans après : « Va-t'en, maudit !
Pour le prix de mes sacrifices,
Dans le plus amer des calices
Tu ne m'as fait boire, ô bandit,
Que des larmes et des supplices, »
Disait-elle au *pauvre petit.*

(TREMBLAY.)

3e LEÇON. — L'union dans la famille.

LECTURE.

1. — Nous sommes décorés.

C'était la veille du jour de l'an. Le petit Paul se promenait fièrement en long et en large devant la maison paternelle, regardant les passants d'un air qui voulait dire : « Mais regardez-moi donc, regardez-moi bien. Comment ? vous ne voyez pas ? Vous êtes donc myopes ou aveugles ? »

En montant la rue, je l'avais aperçu de loin, et j'avais remarqué son manège. A part moi, je me disais : « Pourquoi donc le petit Paul se redresse-t-il ainsi ? Il doit avoir, pour sûr, un habit flambant neuf, ou peut-être lui aura-t-on donné pour ses étrennes une belle montre en argent, qu'il fait voir aux passants ? »

Erreur, Paul avait son habit ordinaire, et pas de chaîne au gilet, pas de montre au gousset. Mû de curiosité, je m'approche, et comme Paul et moi nous sommes une paire d'amis : « Hé bien, lui dis-je, en lui tendant la main, qu'y a-t-il de nouveau, mon petit Paul ? tu parais tout joyeux.

— Monsieur, répondit-il, en me regardant d'un air plein de gravité, vous ne savez donc pas ? Et me montrant du doigt la boutonnière de sa veste, ornée d'un petit ruban rouge : Nous sommes décorés ! fit-il avec un geste plein de dignité et d'orgueil.

— Décoré ! m'écriai-je, décoré à ton âge ! Voilà qui est beau, voilà qui est admirable. Mais ne puis-je savoir ?...

— Ce n'est pas moi, Monsieur, c'est papa.

— Eh bien, alors ? fis-je d'un ton de surprise ; pourquoi »

Mais lui, devinant ma pensée : « Papa, c'est moi, Monsieur, c'est nous, c'est toute la famille ! »

Au premier moment, j'avais une forte envie de rire ; je la réprimai aussitôt, et embrassant l'enfant sur les deux joues, j'entrai dans la maison pour féliciter l'heureux père.

Et je me disais tout bas : « Il a raison, le petit Paul, il a raison. Quand le père est honoré, cet honneur se répand sur tous les siens ; comme aussi, hélas ! s'il vient à mal faire, la honte en rejaillit sur eux.

Voilà la famille ; tel est le lien étroit qui en unit les membres. On l'appelle solidarité. Ce gros mot signifie que dans la famille tous les membres ne font qu'un.

(A. Vessiot, *Lecture courante*, cours élémentaire [1].)

Questionnaire. — 1. Que faisait le petit Paul devant la maison paternelle ? — 2. Que répond-il à l'ami de son père ? — 3. Que fait celui-ci ? — 4. Paul avait-il raison ? — 5. Que veut-on faire entendre quand on dit que les membres d'une même famille sont solidaires ?

MAXIMES.

L'union dans la famille, c'est la joie dans la maison.

Rien n'est si beau qu'une famille bien unie.

RÉSUMÉ.

Rien n'est beau comme une famille où tous les membres s'aiment et sont tendrement unis, où les joies et les peines sont partagées, où l'on ne forme qu'un seul cœur.

Je m'attacherai à ma famille et je m'appliquerai à conserver l'honneur de son nom.

---

1. Lecène, Oudin et Cie, éditeurs.

RÉCITATIONS.

1. — La grappe de raisin.

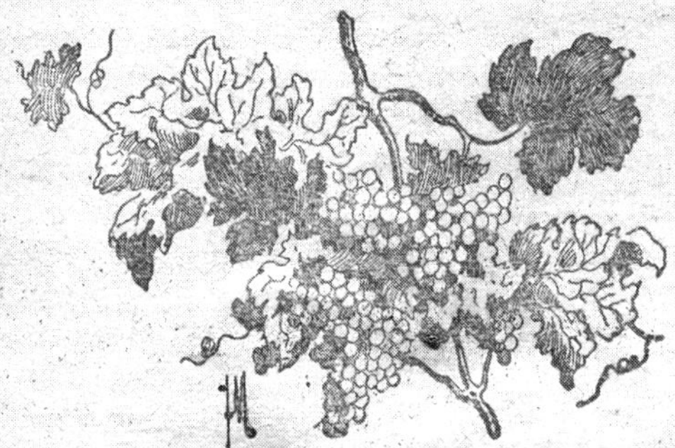

Une mère donna à sa fille une grappe de raisin ; la jeune fille, après l'avoir prise, songea que cette grappe ferait plaisir à son frère, et la lui porta.

Le frère la prit et dit : « Mon père, qui travaille là-bas, doit être fatigué; portons-lui cette grappe rafraîchissante. »

Le père prit la grappe à son tour; puis, apercevant sa femme non loin de là, il s'empresse de venir près d'elle pour la lui offrir.

C'est ainsi que la grappe de raisin revint dans les mains qui l'avaient donnée, et la mère remercia le ciel de l'union qui régnait entre tous les membres de la famille.

(Traduit de l'anglais.)

2. — Le bonheur dans la famille.

Qu'il est doux de se retrouver le soir dans la maison paternelle, après avoir eu chacun de son côté ses occupations du jour; de s'asseoir à la même table, de partager joyeusement le même repas, de causer paisiblement et affectueusement ensemble, de se féliciter des succès obtenus par les différents membres de la famille, de se conseiller, de s'encourager, de se consoler réciproquement!

Qu'il est doux aussi, plus tard, quand on est plus âgé, quand on a été séparé par la vie, de se retrouver, entre frères et sœurs; de se rappeler les jours de l'enfance, et de s'aider les uns les autres à maintenir fidèlement les bonnes traditions de la famille!

(JULES STEEG, *Instruction morale et civique* [1].)

1. FERNAND NATHAN, éditeur.

NOVEMBRE

III. — DEVOIRS ENVERS LA FAMILLE

9e LEÇON. — L'amour pour les parents.

LECTURE.

1. — Les cri-cris de la boulangère.

Mon ami Jacques se trouvait un jour dans une boulangerie lorsqu'un petit garçon de six à sept ans, pauvrement, mais proprement vêtu, y entra.

« Madame, dit-il à la boulangère, maman m'envoie chercher un pain. » La boulangère prit aussitôt un beau pain tout doré et le remit à l'enfant. « As-tu de l'argent? lui dit-elle. — Non, Madame, répondit-il en rougissant; mais maman m'a dit qu'elle viendrait vous parler demain. — Allons, dit la bonne boulangère, emporte ton pain, mon enfant. — Merci, Madame, » dit le pauvre petit. Cependant il restait immobile. Quelque chose semblait attirer son attention. C'était le chant des grillons de la boulangerie. « Madame, dit-il tout timidement, ce qu'on entend chanter, n'est-ce pas ce qu'on appelle des cri-cris? — Oui, répondit la boulangère. — Oh! Madame, je serais bien content si vous vouliez m'en donner un. On dit que les cri-cris portent bonheur aux maisons, et peut-être que, s'il y en avait un chez nous, maman, qui a tant de chagrin, ne pleurerait plus jamais. »

La boulangère avait les larmes aux yeux et mon ami Jacques était lui-même très ému. « Et pourquoi pleure-t-elle, ta pauvre maman? lui dit-il. — A cause des notes, Monsieur. Mon papa est mort, et maman a beau travailler, nous ne pouvons pas les payer toutes. »

Vous pensez si l'on se fit un plaisir de satisfaire l'enfant.

la boulangère descendit dans son fournil[1], attrapa trois grillons qu'elle mit dans une boîte; puis elle donna la boîte au petit garçon, qui s'en alla tout joyeux. Quand il fut parti, la boulangère prit le compte de la pauvre femme et y fit une grande barre, en ajoutant : *payé*. Pendant ce temps, mon ami Jacques mettait dans un papier tout l'argent de ses poches avec un billet où l'on disait à la mère de l'enfant que ce fils ferait un jour son orgueil et sa consolation. On donna le tout à un garçon boulanger à qui l'on recommanda d'aller bien vite et qui arriva avant l'enfant; de sorte que lorsque celui-ci rentra, il trouva sa mère avec un sourire de joie sur les lèvres.

Il crut, le cher petit, que c'était l'arrivée de ses grillons qui avait fait ce miracle, et il n'eut pas tout à fait tort; car ces petites bêtes noires avaient fait connaître son bon cœur et sa vive affection pour sa mère, et c'est ce qui avait amené cet heureux changement dans la maison.

(D'après P.-J. STAHL[2].)

Questionnaire. — 1. Avec qui se rencontra mon ami Jacques dans une boulangerie? — 2. Que répondit l'enfant lorsque la boulangère lui demanda de l'argent? — 3. Quelle demande fit-il tout timidement à la boulangère? — 4. Pourquoi voulait-il un cri-cri dans sa maison? — 5. Que firent la boulangère et mon ami Jacques? — 6. Dans quel état le petit enfant trouva-t-il sa mère, en rentrant chez lui, et pourquoi? — 7. Quels étaient les sentiments de cet enfant à l'égard de sa mère?

MAXIMES.

Un bon fils doit aimer ses parents de tout son cœur.

Celui qui n'aimerait pas ses parents serait indigne de vivre.

Il ne suffit pas d'aimer, il faut prouver qu'on aime.

1. Lieu où l'on pétrit la pâte.
2. *Morale familière*; J. HETZEL ET Cie, éditeurs.

RÉSUMÉ.

J'aime mes parents, parce qu'ils m'aiment et me comblent de soins assidus.

Je leur témoignerai mon amour en bien travaillant en classe, en cherchant à leur faire plaisir; en m'efforçant, en un mot, de contribuer à leur bonheur par ma bonne conduite.

RÉCITATIONS.

1. — Ceux que j'aime.

J'aime maman, qui promet et qui donne
Tant de baisers à son enfant,
Et qui si vite lui pardonne
Toutes les fois qu'il est méchant.

J'aime papa, qui, toute la semaine,
Va travailler pour me donner du pain,
Et qui paraît ne plus avoir de peine
Quand je lui mets un bon point dans la main.

Et j'aime aussi bonne grand'mère,
Qui sait des contes si jolis,
Et j'aime encor mon petit frère,
Qui me taquine quand je lis.

(L. Trautner.)

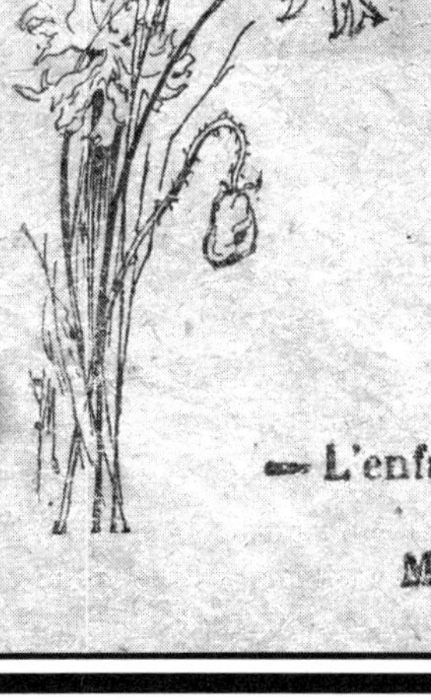

2. — Mère et enfant.

« Je possède, dit la mère,
Deux bluets d'un bleu si doux
Que ceux des champs sont jaloux.
Qui devine le mystère ?... »
— L'enfant dit en riant : « Oh ! moi, je m'y connais :
Mes deux yeux sont tes deux bluets. »

« J'ai toujours, fraîche et vermeille,
Une fleur qui sait parler,
Et sourire et m'appeler;
C'est bien une autre merveille. »
— L'enfant dit en touchant ses lèvres : « M'y voici !
Ta fleur sait t'embrasser aussi. »

« J'ai, sans qu'on y prenne garde,
Un collier qui n'est pas d'or,
Mais plus précieux encor;
Mon cou nuit et jour le garde. »
— « Ton collier, dit l'enfant, je ne m'y trompe pas,
Est fait de mes deux petits bras. »

« Je possède une autre chose
Sans laquelle je mourrais,
Quand même je garderais
Collier, bluets, fleur qui cause... »
— L'enfant dit, tout ému d'amour et de bonheur :
« Cette fois, mère, c'est mon cœur. »

(Mme SOPHIE HUE, *les Maternelles.*)

10e LEÇON. — Le respect envers les parents.

LECTURE.

1. — Un enfant doit honorer son père et sa mère.

Deux petites filles causaient ensemble à l'abri de la haie qui bordait le pré de la mère Jeanne. « Pourquoi n'es-tu pas venue chez nous hier? demandait Agathe. Je t'ai attendue toute l'après-midi. — Je n'ai pas pu, répondit Joséphine. Maman s'est mise dans une colère bleue quand j'ai voulu partir, sous prétexte que je n'avais pas fini de raccommoder le tablier de ma petite sœur. C'est bien ennuyeux, va, d'être toujours grondée ainsi. — Crois-tu que ce soit plus amusant pour moi? Maman ne sait pas lire, et il faut que, toutes les fois où il arrive une lettre, je reste à la lui lire, quoique j'aie bien envie d'aller jouer. — Comment, ta mère ne sait pas lire? — Non, et je crois même que papa... »

Ici quelqu'un toussa de l'autre côté de la haie. Les deux petites filles, qui s'étaient crues seules, rougirent, et elles se levaient déjà pour s'enfuir, quand la mère Jeanne, écartant quelques branches, vint à côté d'elles.

« Ne vous sauvez pas, petites, leur dit-elle. Écoutez plutôt un bon conseil. J'étais dans le pré quand le bruit de vos voix est venu jusqu'à moi, et j'ai entendu alors quelque chose qui m'a fait de la peine : vous avez oublié qu'il faut honorer son père et sa mère. Croyez-vous que ce soit les honorer que d'aller vous plaindre d'eux à vos compagnes? Le respect que vous devez avoir pour eux doit même vous empêcher de penser qu'ils ont des défauts.

« Toi, Joséphine, tu te plains que ta mère se soit mise en colère après toi. Es-tu sûre qu'elle ne t'ait pas simplement grondée de ta paresse? Et c'était son devoir, car tu

sais bien qu'elle est placée auprès de toi pour te reprendre quand tu fais du mal.

« Et toi, Agathe, tu blâmes ta mère de ce qu'elle ne sait pas lire. Je vais t'apprendre pourquoi, afin que tu ne sois pas si fière d'en savoir, là-dessus, plus qu'elle. Ta mère était l'aînée de six enfants et elle n'avait que huit ans quand ils restèrent orphelins. C'est elle qui a été la mère de ses frères et sœurs. Il lui a fallu travailler dur pour les élever, et le soir, quand ils étaient couchés, elle était encore à la tâche, tout absorbée par leurs besoins du lendemain. Crois-tu qu'elle eût le temps d'aller à l'école? »

Les deux petites filles, honteuses, baissèrent la tête.

« Allez, ajouta la mère Jeanne, et ne vous plaignez plus de vos parents. Tâchez de les respecter et de les honorer. »

(D'après E. Segond[1].)

Questionnaire. — 1. De quoi se plaignaient les deux petites filles dans le pré de la mère Jeanne? — 2. Que disaient Joséphine et Agathe? — 3. Que dit la mère Jeanne à chacune d'elles? — 4. Quel conseil donna-t-elle aux fillettes, toutes honteuses? — 5. Avaient-elles raison de manquer ainsi de respect à leurs parents? — 6. Oseriez-vous les imiter?

MAXIMES.

L'enfant, à tout âge, doit respecter et honorer son père et sa mère.

N'oublie pas ton origine et ne rougis jamais de tes parents.

RÉSUMÉ.

Je respecte et je respecterai toujours mes parents, parce qu'ils sont mes supérieurs et mes bienfaiteurs.

Je leur témoignerai mon respect en les saluant affectueusement matin et soir, en leur parlant toujours avec politesse et en recevant leurs conseils avec docilité.

1 *Lectures morales à l'usage des écoles et maisons d'éducation de jeunes filles.* A. Hatier, éditeur.

RÉCITATIONS.

1. — Le papillon et la chenille.

Un papillon aux ailes brillantes voltigeait sur les fleurs. Il était fier de sa beauté et se mirait dans les gouttes de rosée. Soudain il aperçut une chenille qui rampait sur une feuille de géranium.

« Fi ! quelle horreur ! s'écria-t-il avec dégoût. Que fais-tu ici, affreux animal?

— Ne montre pas autant de dédain, répondit l'innocente bête. Aurais-tu donc oublié que tu es né d'une chenille? Il ne faut pas rougir de ses parents. »

Le papillon, honteux, s'enfuit sans répliquer.

(*Le Livre unique des commençants*[1].)

---

2. — Duras.

Un officier, nommé Duras, était fils d'un pauvre paysan; mais au régiment on ne s'en doutait pas, et on le croyait issu de l'illustre maison Durfort de Duras. Son père étant venu le voir, il l'accueillit avec les transports de la plus vive joie et le présenta en blouse et en sabots à son colonel. Louis XIV, instruit de la manière dont cet officier avait reconnu, reçu et honoré son père, le fit venir à la cour et lui dit, en lui prenant la main : « Duras, je suis bien aise de connaître un des officiers les plus estimables de

1. Paul Delaplane, éditeur.

mon armée; je vous accorde une pension, et j'aurai soin de vos enfants; vous méritez qu'ils vous ressemblent. »

(TH. H. BARRAU, *Livre de morale pratique* [1].)

11e LEÇON. — L'obéissance envers les parents.

LECTURE.

1. — Le prunier.

Le petit Jacques regardait d'un œil de convoitise un prunier couvert de beaux fruits bien mûrs. Il aurait eu bonne envie d'en cueillir quelques-uns; mais son père le lui avait défendu, et il se disait :

« Il n'y a ici personne pour me voir, ni mon père, ni le jardinier, personne enfin, et je pourrais bien enlever quelques-unes de ces prunes, sans qu'on s'en aperçût; mais je veux être obéissant; je ne veux pas, pour une satisfaction de gourmandise, manquer à ce qui m'a été prescrit. »

Et Jacques allait s'éloigner.

Alors son père, qui l'avait écouté derrière un arbre, courut au-devant de lui et lui dit :

« Viens, mon petit Jacques, viens, mon enfant; maintenant nous allons cueillir de belles prunes ensemble. »

Et le père commença à secouer l'arbre, et Jacques vit sa bonne action richement récompensée.

(X. MARMIER, *l'Ami des petits enfants* [2].)

Questionnaire.—1. De quoi avait-il envie, le petit Jacques, en regardant les beaux fruits du prunier de son papa? — 2. Pourquoi n'en prit-il pas, et que se disait-il? — 3. Qui l'entendit parler ainsi? — 4. Comment l'obéissance du petit Jacques fut-elle récompensée?

1. HACHETTE ET Cie, éditeurs.
2. HACHETTE ET Cie, éditeurs.

MAXIMES.

L'enfant qui ne sait pas obéir à son père et à sa mère ne sait pas les aimer; c'est un ingrat.

La désobéissance aux parents est toujours punie.

RÉSUMÉ.

J'obéirai à mes parents parce qu'ils ont plus de raison et d'expérience que moi et qu'ils ne me commandent que pour mon bien. Je leur obéirai surtout parce qu'ils m'aiment et que ma désobéissance les affligerait.

J'obéirai à mes parents en toutes choses, immédiatement et de bon cœur.

RÉCITATIONS.

1. — Pourquoi.

« Ne va pas dans la cour, entends-tu, petit Pierre!
— Mais, père, il ne pleut plus. — C'est égal, reste ici.
— Mais pourquoi? — Parce que... — Mais, père...! — Eh bien! [vas-y. »
Or la glace, en séchant, avait gelé la pierre.
Dès qu'il eut fait un pas sur le pavé glissant,
Pierre tomba par terre et rentra gémissant.
Que ton père commande ou défende une chose,
C'est toujours ton bien qu'il t'impose.
Obéis donc, enfant, sans demander pourquoi...
— Pour toi!

(Louis Ratisbonne.)

---

2. — La souris et ses petits.

« Restez à la maison, chéris!
Disait une mère souris

A ses enfants jeunes encore;
Car le chat déchire et dévore
L'imprudent qui sort de son nid. »
Mais un des souriceaux se dit :
« Je veux voir cette bête étrange :
Maman va bien courir les champs
Sans peur ni crainte des méchants.
Puis j'ai faim, il faut que je mange. »
Et le voilà hors de son trou,
Trottinant à travers la grange.
Il tombe aux griffes du matou,

Qui de loin flairait la nichée.
Le chat n'en fit qu'une bouchée.

Votre mère est pour vous le guide le meilleur.
Écoutez les conseils de son expérience.
Enfants, la désobéissance
Cause toujours votre malheur.

(Frédéric Bataille, *les Fables de l'école et de la jeunesse*[1].)

---

8. — Le petit lapin désobéissant.

Un petit lapin, échappé du foyer malgré les conseils et les ordres de sa mère, se jouait au beau soleil du matin sur l'herbe tendre et le serpolet odorant; il était tout entier au plaisir, tandis que sa mère, inquiète sur son sort, e cherchait de tous les côtés. « Hélas! disait-elle, si le re-

1. Paul Dupont, éditeur.

nard le rencontrait, il serait perdu; il ne saurait pas encore éviter et fuir ce méchant animal. »

Le renard le rencontra en effet : « Bien, mon petit ami

lui cria-t-il dès qu'il l'aperçut, bien! vous ne pouviez mieux faire que de quitter le terrier pour jouir de cette belle matinée; sans vous, je courais grand risque de ne pas déjeuner aujourd'hui. »

Et cela dit, il sauta sur le petit lapin, dont il ne fit que trois bouchées.

La désobéissance a conduit plus d'un enfant à sa perte.

(FÉNELON.)

12e LEÇON. — La reconnaissance envers les parents.

(ASSISTANCE DANS LE BESOIN.)

LECTURE

1. — L'écuelle de bois de l'aïeul.

Il y avait une fois un vieillard si décrépit qu'il pouvait à peine marcher; ses genoux tremblaient; il ne voyait presque pas, et il n'avait pas de dents non plus; si bien que, quand il était à table, la force lui manquant pour tenir sa cuiller, une partie de sa soupe tombait sur la nappe, une autre coulait le long de sa bouche. Son fils et sa belle-fille finirent par se dégoûter de ce spectacle; c'est pourquoi le vieux grand-père fut réduit à se mettre derrière le poêle, dans un coin. Ils lui préparèrent son manger dans une écuelle de terre, et encore ne lui en donnaient-ils pas assez. Le pauvre vieillard portait donc d'un air affligé ses yeux sur la table où étaient assis ses enfants, et de grosses larmes coulaient le long de ses joues ridées.

Or il arriva un jour que ses mains tremblantes ne purent tenir l'écuelle; elle tomba et se cassa. La jeune femme le gronda sévèrement, mais lui ne dit rien et se contenta de gémir. Alors ils lui achetèrent, pour quelques liards, une petite jatte de bois dans laquelle il fut obligé de manger. Pendant ce temps, son petit-fils, âgé de quatre ans, s'amusait à ajuster quelques petites planchettes : « Que fais-tu là? lui demanda son père. — Dame, répliqua l'enfant, je fais une petite auge; papa et maman mangeront dedans quand je serai grand et qu'ils seront devenus vieux. »

A ces mots, le mari et la femme se regardèrent en silence; puis, s'étant mis à pleurer, ils admirent de nouveau le vieux grand-père à leur table, le firent manger avec eux, et ne dirent plus rien quand il répandit un peu de soupe sur la nappe.

(GRIMM.)

Questionnaire. — 1. Qu'arrivait-il au pauvre vieillard quand il était à table? — 2. Où le plaça-t-on et dans quoi lui servait-on à manger? — 3. Que se passa-t-il un jour qu'il laissa tomber son écuelle, et par quoi celle-ci fut-elle remplacée? — 4. Pendant ce temps, que faisait le petit-fils du vieillard et que répondit-il à ses parents? — 5. Comment se conduisirent alors ceux-ci à l'égard de leur père?

MAXIMES.

Celui qui délaisse ses parents quand ils ont besoin de lui commet un véritable crime.

Dans la vieillesse de vos parents, souvenez-vous de votre enfance.

Rendre heureux son vieux père et sa vieille mère est le plus doux des devoirs.

RÉSUMÉ.

Je n'oublierai jamais tout ce que je dois à mes parents. Quand ils seront devenus vieux, je travaillerai pour eux comme ils ont travaillé pour moi, et, s'ils sont malades ou infirmes, je les aiderai, les soulagerai et les soutiendrai.

RÉCITATIONS.

1. — Père et fils.

Quand ton père t'embrasse, relève de sa main les boucles de tes cheveux et te regarde en face d'un long regard humide; quand, le soir, il te berce en te racontant sa longue histoire; lorsque de sa main il enveloppe la tienne; lorsqu'il te dit tout bas : « M'aimes-tu? » en t'embrassant le cou, et que ses lèvres restent bien longtemps sur ta petite peau rose, pense alors, mon amour, aux enfants qui n'ont ni père, ni mère, ni dodo, ni baiser; pense à la reconnaissance; tu n'as pas d'autres moyens de payer ce pauvre homme, qui t'a tout donné et ne réclame rien....

(GUSTAVE DROZ, *En famille*[1].)

---

1. V. HAVARD, éditeur

2. — Reconnaissance.

Vous êtes à vos parents un grand sujet de soucis. N'ont-ils pas sans cesse devant les yeux vos besoins de toute sorte, et ne faut-il pas qu'ils se fatiguent sans cesse afin d'y subvenir?

Le jour, ils travaillent pour vous, et la nuit encore, pendant que vous reposez, souvent ils veillent pour n'avoir pas le lendemain à vous répondre, quand vous leur demanderez du pain : « Attendez, il n'y en a pas. »

Si vous ne pouvez maintenant partager leur tâche, efforcez-vous au moins de la leur rendre moins rude par le soin que vous prendrez de leur complaire et de les aider, selon votre âge, avec une tendresse toute filiale.

Il vient un temps où la vie décline, le corps s'affaiblit, les forces s'éteignent; enfants, vous devez alors à vos parents les soins que vous reçûtes d'eux dans vos premières années.

(LAMENNAIS.)

13e LEÇON. — Devoirs envers les grands-parents et les vieillards.

LECTURE.

1. — Au tribunal.

Une pauvre vieille femme, au visage flétri par la misère, comparaissait devant le tribunal, sous l'accusation de mendicité : « Vous n'avez donc personne qui puisse prendre soin de vous? lui demande le président. — J'avais un fils, répondit-elle; mais il est mort, ainsi que sa femme, et il ne me reste qu'un petit-fils, incapable de me venir en aide. »

Au moment où elle prononçait ces mots, il se fit un grand mouvement dans l'auditoire : un jeune garçon s'élança vers le banc des accusés en s'écriant : « Me voilà, grand'mère, je viens te chercher, je ne veux pas que tu ailles en prison ! »

et, en parlant ainsi, il se suspendait au cou de la vieille mendiante. « Mon enfant, dit le juge, vous n'êtes pas en état de subvenir à ses besoins : vous êtes trop jeune. — Trop jeune? répondit fièrement le petit homme; j'ai douze ans; je suis apprenti menuisier, je gagne quatre francs par semaine; je lui donnerai tout, et avec ça elle aura de quoi acheter du pain et quelque chose avec. »

Cette scène avait profondément ému l'assistance, et l'émotion avait gagné le magistrat lui-même : « Allez donc, mon petit ami, emmenez votre grand'mère : vous êtes digne d'être son protecteur. » Quant à la bonne vieille, elle suivait l'enfant en fondant en larmes :

(MONTANDON.)

Questionnaire. — 1. Que répondait la vieille femme au juge qui l'interrogeait? — 2. Qui vint la réclamer et que dit l'enfant à sa grand'mère? — 3. Quelles paroles adressa le juge au petit-fils, au moment où il emmenait sa grand'mère? — 4. Que doit-on aux grands-parents et aux vieillards infirmes?

MAXIMES.

Soyez prévenants pour vos grands-parents et respectez la vieillesse.

Ayez toujours pour les cheveux blancs tous les égards qui leur sont dûs.

RÉSUMÉ.

J'aimerai et respecterai mes grands-parents, parce qu'ils ont fait pour mes parents ce que ceux-ci ont fait pour moi et qu'ils me témoignent une vive tendresse.

Je les entourerai de soins et de prévenances, afin de leur procurer une vieillesse heureuse.

J'honorerai aussi tous les vieillards et je ne me moquerai jamais de leurs infirmités.

RÉCITATIONS.

1. — Le coin du grand-père.

Ce coin, près du foyer, c'est le coin du grand-père :
C'est là, je m'en souviens, qu'il aimait à s'asseoir,
Les pieds sur les chenets, dans sa vieille bergère;
Là qu'il lisait le jour et sommeillait le soir.

Je crois le voir encor. Sa tête, couronnée
De beaux cheveux blanchis par l'âge et le chagrin,
Se penchait en avant, doucement inclinée ;
Son visage était grave à la fois et serein.

Son cœur était ouvert à tous. On pouvait lire
Le calme sur son front, la bonté dans ses yeux;
Et lorsque sur sa bouche il passait un sourire,
On croyait voir briller comme un rayon des cieux.

(Louis Tournier, *les Premiers Chants* [1].)

2. — Ma grand'mère.

Je la vois encore avec son modeste costume du pays

1. Hachette et Cie, éditeurs.

qu'elle ne voulut jamais quitter, sa taille légèrement courbée, sa démarche mesurée.

Elle avait fait de moi son petit compagnon, et je ne la quittais guère. Le soir, par exemple, aux longues veillées de l'hiver, près du foyer, la quenouille en main, elle m'avait à côté d'elle.

Le printemps venu, et par les beaux jours qu'il amenait, elle m'associait aux visites qu'elle faisait à mon oncle, à mes tantes et à quelques amis; et alors, tout en cheminant dans les sentiers fleuris ou sur les grandes routes que nous parcourions ensemble, le plus souvent à pied, elle me donnait une éducation de peu de mots, de beaucoup d'action, qui est la plus profonde et la plus durable de toutes.

(P.-H. DAMIRON.)

14e LEÇON. — Devoirs des frères et des sœurs.

LECTURE.

1. — Georges Stephenson.

Georges Stephenson, encore enfant, accompagnait un jour sa sœur aînée, qui allait à la ville voisine acheter un chapeau. Dans une boutique la jeune fille vit un chapeau tout à fait de son goût, mais dont le prix dépassait de quelques sous la petite somme qu'elle avait dans sa bourse. Elle s'éloignait, le cœur un peu gros, lorsque Georges lui dit tout à coup : « Ne te tourmente pas, je vais voir si je ne puis gagner l'argent qui te manque. Attends-moi seulement ici. » Et il partit au pas de course dans la direction du marché. La jeune fille attendit quelque temps; elle commençait même à s'inquiéter, quand elle vit revenir son frère tout courant : « J'ai de l'argent, lui cria-t-il de loin. — Et comment te l'es-tu procuré ? — En tenant les chevaux des marchands, » répondit joyeusement le jeune homme, heureux d'avoir pu faire à sa sœur un grand plaisir en s'imposant une petite peine. Quel est le frère qui ne serait heureux d'en faire autant? Seulement tous n'y penseraient pas. Ce qu'il y a de plus méritoire dans l'action de Stephenson, ce n'est pas la peine qu'il s'est donnée, c'est la délicatesse de sa pensée.

(A. MÉZIÈRES, *Éducation morale et instruction civique*[1].)

Questionnaire. — 1. Pourquoi la sœur du jeune Stephenson sortit-elle du magasin le cœur gros? — 2. Que fit alors son frère? — 3. Que lui dit-il, à son retour? — 4. En quoi l'action de Stephenson est-elle surtout louable? — 5. Ne seriez-vous pas heureux à votre tour, comme Stephenson, de rendre aussi service à votre sœur ou à votre frère?

MAXIMES.

Les frères et les sœurs doivent s'aimer et s'entr'aider.

L'amitié des frères et sœurs fait le bonheur des parents.

1. Un volume in-12, cartonné, 1 fr. 25. CHARLES DELAGRAVE, éditeur

RÉSUMÉ.

J'aimerai mes frères et mes sœurs, parce que ce sont mes meilleurs amis.

J'écouterai les conseils de mes frères aînés, je protégerai et respecterai mes sœurs, je soignerai mes plus jeunes frères et leur donnerai toujours le bon exemple.

J'éviterai enfin toute querelle avec mes frères et sœurs, afin que nous restions toujours unis.

RÉCITATIONS.

1. — Les deux petits poulets.

Deux petits poulets étaient frères,
Et pourtant ils ne s'aimaient pas.
C'étaient toujours coups de bec et combats.

Un cuisinier les vit : « Ah ! mes petits compères,
Cria-t-il, pas tant de façons !
Pour mettre fin à vos colères,
A la broche ! mes polissons. »

(Mme F. G.)

2. — Les deux sœurs.

Elles vont la main dans la main;
On ne les voit jamais qu'ensemble;
Sans que l'une à l'autre ressemble,
Toujours dans le même chemin,
Elles vont la main dans la main.

Jamais de pleurs ni de querelles,
Au salon pas plus qu'au berceau;
Les bijoux après le cerceau,
Tout gaîment se partage entre elles...
Jamais de pleurs ni de querelles.

(VICTOR DE LAPRADE, *le Livre d'un père* [1])

---

3. — La sœur aînée.

Elle avait ses dix ans à peine,
Qu'on admirait dans la maison,
Dans la maison bruyante et pleine,
Sa bonne humeur et sa raison.

1. J. HETZEL ET Cie, éditeurs.

Toujours à bien faire occupée,
Ferme et vaillante avec douceur,
Elle aimait, au lieu de poupée,
Et soignait sa petite sœur.

Elle arrangeait l'affreux bagage
De ses frères désordonnés,
Et de jolis nœuds, son ouvrage,
Leurs cous rétifs étaient ornés.

Et parfois, dans les cas suprêmes,
A ses yeux vifs ayant recours,
Le père et la maman eux-mêmes
Avaient besoin de son secours.

Aimez-la bien, la sœur aînee,
Retenez-la dans votre nid;
Car c'est pour vous tous qu'elle est née,
Et votre père la bénit.

(VICTOR DE LAPRADE, *le Livre d'un père* [1].)

15e LEÇON. — Devoirs des maîtres et des serviteurs.

LECTURE.

1. — Anne Lepage.

A l'âge de dix-sept ans, elle entrait au service des parents d'une directrice des postes, qu'elle servit avec un dévouement exemplaire jusqu'à la mort; elle se devoua alors à leur

---

1. J. Hetzel et Cie, éditeurs.

fille, que des revers de fortune réduisirent à un état digne de commisération et de pitié. On proposa à Anne un riche mariage : son prétendu possédait deux mille francs de rente; elle refusa, pour ne pas abandonner sa maîtresse. Plus tard, un de ses frères, célibataire, voulut se l'attacher en lui assurant sa fortune; elle refusa également, et elle fut déshéritée. Elle sacrifia tout pour rester avec sa maîtresse, seule avec deux enfants; elle la servait gratuitement.

Malgré des soins dévoués et maternels donnés aux deux jeunes filles, elles moururent. Anne est toujours au service de sa vieille maîtresse; elle sert cette famille depuis soixante-dix ans.

(*Rapport sur les prix de vertu.*)

Questionnaire. — 1. Parlez du dévouement d'Anne Lepage à l'égard de la directrice des postes et de sa fille. — 2. Quel fut son désintéressement et quel attachement Anne manifesta-t-elle à sa maitresse? — 3. Depuis combien de temps la sert-elle? — 4. Quels égards sont dus à une telle servante et aux bons serviteurs en général?

MAXIMES.

Les serviteurs, s'ils sont honnêtes, ont droit à notre respect et à notre affection.

Ne soyez jamais grossiers à l'égard de ceux qui servent vos parents et vous-mêmes.

Les bons maîtres font les bons serviteurs et les bons serviteurs font les bons maîtres.

RÉSUMÉ.

Je serai respectueux et poli envers les domestiques de mes parents. Si, plus tard, j'ai des serviteurs à mon tour, je les traiterai avec bienveillance, je n'abuserai pas d'eux, je serai leur conseiller et leur ami autant que leur maître.

Si je suis serviteur, je m'acquitterai de ma tâche du

mieux possible, je serai soumis et dévoué à l'égard de mes maîtres et prendrai soin de leurs intérêts comme des miens.

RÉCITATIONS.

1. — La servante laborieuse.

Nanon faisait tout : elle faisait la cuisine, elle faisait les buées, elle allait laver le linge à la rivière ; elle se levait au jour, se couchait tard, faisait à manger à tous les vendangeurs pendant les récoltes et défendait comme un chien fidèle le bien de son maître.

(HONORÉ DE BALZAC.)

2. — A une vieille servante.

Mon cœur est plein, mon œil se mouille,
Lorsque, seul et baissant les yeux,
Je te vois filer ta quenouille
A ce foyer silencieux.

Te souviens-tu de notre aurore ?
Te souviens-tu de la saison
Où la vie au rire sonore
Égayait toute la maison ?

Nous étions alors tous ensemble,
Le père et les enfants heureux,
Et la mère, qui toujours tremble;
Car l'amour est toujours peureux.

Après les heures de l'étude,
Nous revenions à nos ébats,

Et toi, non sans inquiétude,
Tu suivais, tricotant nos bas.

De nos douleurs et de nos joies
Dès lors tu pris toujours ta part;
Mais, sous le joug où tu te ploies,
Tu la pris toujours à l'écart.

Tu contenais, à chaque épreuve,
Ton cœur muet, quoique trop plein'
Avec la veuve tu fus veuve,
Orpheline avec l'orphelin.

Va, je t'aime, âme simple et grande,
Toi qui ne sus jamais haïr;
Je t'aime, et, moi qui te commande,
Je me sens prêt à t'obéir.

(JOSEPH AUTRAN.)

DÉCEMBRE

IV. — L'ÉCOLE

16ᵉ LEÇON. — Pourquoi on va à l'école.

(L'INSTRUCTION ET L'ÉDUCATION.)

LECTURE.

1. — Les pourquoi du petit Philippe.

« Pourquoi apprendre à lire ? demandait toujours le petit Philippe. — Parce que, lui répondit un jour le maître, quelque profession qu'on embrasse, quelque métier qu'on exerce, on a besoin de savoir lire. On a beaucoup à apprendre dans les livres, pour s'instruire et se perfectionner dans le métier que l'on a choisi et que l'on pratique. Puis si dehors de leur métier, et quand ils ont terminé leur travail, le forgeron, le cordonnier, ne sont-ils pas dans leur famille ? N'auront-ils jamais besoin de savoir lire un acte écrit chez un notaire ? Tout Français n'a-t-il pas des devoirs à remplir envers sa patrie, comme soldat, comme citoyen ? Soldat, il doit savoir lire. Citoyen, il ne doit pas rester étranger à ce qui se passe dans son pays. Il doit lire ce qui peut l'en instruire et l'éclairer. En un mot, ne pas savoir lire serait s'isoler de la société des autres hommes. »

« Pourquoi apprendre à écrire ? — Parce que savoir écrire est la conséquence naturelle de savoir lire, et, par cela même, est aussi nécessaire ; parce que, s'il est indispensable de pouvoir lire ce qu'on nous écrit, il l'est également de pouvoir écrire ce qu'on a besoin de faire connaître aux autres, quand on en est éloigné. »

« Pourquoi apprendre à compter ? — Parce qu'on a des comptes à faire dans l'exercice de sa profession, dans sa vie de chaque jour, pour mettre de l'ordre dans ses recettes et dans ses dépenses. »

« Pourquoi apprendre l'histoire et la géographie ? — Parce que tout homme intelligent et patriote est intéressé à connaître l'histoire passée et présente de son pays, à savoir les lieux où se sont accomplis et s'accomplissent les événements de cette histoire ; parce que notre profession peut ou nous obliger à voyager, ou nous mettre en rapport avec les habitants d'autres pays ; parce que si nos parents, nos amis, nos compatriotes, vont en pays étranger, sur terre ou sur mer, nous aimerons à les suivre de la pensée, partout où ils iront, où ils seront, où ils feront le commerce pour la France, où ils combattront pour le drapeau et la gloire de la France. »

Je m'arrête là. Tu apprendras encore bien d'autres choses, mon cher enfant, à mesure que tu grandiras, et, crois-moi, tu ne tarderas pas à savoir gré à tes maîtres qui te les auront enseignées, à tes parents qui t'auront confié à tes maîtres pour te les enseigner, à la loi de ton pays qui aura imposé à tes parents l'obligation de te faire instruire.

(D'après F.-L. MARCOU [1].)

1. *Les Lectures de l'école*, cours élémentaire. GARNIER FRÈRES éditeurs.

Questionnaire. — 1. Répondez aux questions du petit Philippe : pour quelles raisons est-il utile et nécessaire d'apprendre à lire? — 2. à écrire? — 3. à compter? — 4. d'apprendre l'histoire? — 5. la géographie? — 6. A qui serez-vous redevable de votre instruction?

MAXIMES.

Si tu sais, tu feras tes affaires toi-même; si tu ne sais pas, il te faudra avoir recours aux autres.

L'instruction est un trésor, celui qu'on emporte toujours avec soi; il faut en faire bon usage.

Ce qu'on estime le plus au monde, c'est l'honnêteté et le savoir.

RÉSUMÉ.

On va à l'école pour s'instruire, afin d'être plus capable de gagner honorablement sa vie et de devenir de bons citoyens utiles à soi-même et aux autres.

On y va également pour apprendre à se bien conduire.

Je fréquenterai donc assidûment l'école, pour y acquérir une bonne instruction et une bonne éducation.

RÉCITATIONS.

1. — La leçon.

« Maman, je ne voudrais pas lire,
C'est ennuyeux.
Ba, be, bi, ça ne veut rien dire...
J'aime bien mieux
Regarder seulement l'image
Pour m'amuser,
Et puis, si tu me trouves sage,
Un peu causer.

J'aime tant les belles histoires
Que tu sais bien !
Mais ces petites lettres noires,
Ça ne dit rien...
Je pense, moi, qu'on est bien bête,
Le trouves-tu ?
De se casser ainsi la tête
Pour bi, bo, bu.

. . . .

— Enfant, si tu veux pouvoir lire
Ces beaux récits
Qui te font pleurer et sourire,
Quand je les dis,
Il te faut savoir reconnaître,
L'œil exercé,
Chaque noire petite lettre
De l'abécé. »

(Mme DE PRESSENSÉ, *la Journée du petit Jean*[1].

2. — L'écolier docile.

« Adieu ! petit chéri, vous vous rendez en classe ;
Ne vous y faites pas punir.
— Non, maman : pour cela que faut-il que je
— Une chose, obéir. [fasse ?
— J'obéirai, maman. » Il tient si bien parole
Que depuis lors on a plaisir
A le voir tout joyeux partir pour son école,
Et tout joyeux en revenir.

(LOUIS RATISBONNE.)

3. — Le petit sot.

« Je ne veux pas apprendre à lire,
Disait Alfred d'un air boudeur :
C'est trop ennuyeux de s'instruire ;
Instruisez ma petite sœur.

1. FISCHBACHER, éditeur.

Allons, mon fouet, claque avec rage!
Au galop, mon petit cheval!
Vivent la joie et le tapage;
Moi, je veux être général! »

Qu'arriva-t-il? Je vais le dire:
La petite sœur sut bientôt
Dans tous les livres fort bien lire;
Alfred ne fut qu'un petit sot!

(COQUARD.)

---

4. — Le départ pour l'école.

Écolier qui pars pour l'école,
Garde-toi de traîner le pas;
En chemin ne t'amuse pas,
Et songe à l'heure qui s'envole.

Pour ton modèle et ton symbole,
Si tu m'en crois, tu choisiras,
Non pas le papillon frivole,
Trop ami des joyeux ébats,

Mais l'abeille toujours pressée,
Qui butine dans la rosée
Toutes les fleurs riches en miel.

« Jamais d'école buissonnière, »
Dit cette bonne conseillère,
Qui voltige entre terre et ciel.

(H. Durand.)

5. — Les lunettes.

Jules s'ennuyait bien,
Car il ne savait rien,
Pas même lire !
Un jour qu'il était seul et ne pouvait pas rire,
Il se dit : « Voyons donc, je m'en vais voir un peu,
Puisque je ne sais pas quoi faire,
La belle histoire que grand'mère
Lisait hier dans le livre bleu. »
Il va donc chercher dans l'armoire
Le livre, et puis l'ouvre tout grand;

Mais, bernique ! où donc est l'histoire?
Il ne voit rien que noir et blanc.
« Ah ! je sais, sur mes yeux je n'ai pas mis de verre,
Comme grand'mère :
Voilà pourquoi je ne puis voir. »
Et de sa grand'maman il cherche les lunettes,
Les frotte, pour les rendre nettes,

Avec le coin de son mouchoir,
Regarde encor, change de page;
Mais d'histoire pas davantage!
La mère entre et lui dit : « Grand'mère a mal aux yeux
Toi, mon enfant, ton mal, c'est d'être paresseux.
Il faut apprendre à lire et tu verras l'histoire
Sans lunettes, tu peux me croire,
Rien qu'avec tes yeux bleus. »

(Louis Ratisbonne.)

17e LEÇON. — Devoirs de l'écolier envers lui-même.

(ASSIDUITÉ, TRAVAIL, APPLICATION.)

LECTURE.

1. — Le violon.

Il était une fois un monsieur qui jouait du violon. Ce monsieur avait un fils qui se nommait Justin, et le petit garçon était bien heureux quand son papa lui jouait des airs de sa connaissance, tels que *Marlborough*, *le Roi Dagobert, Au clair de la lune*.

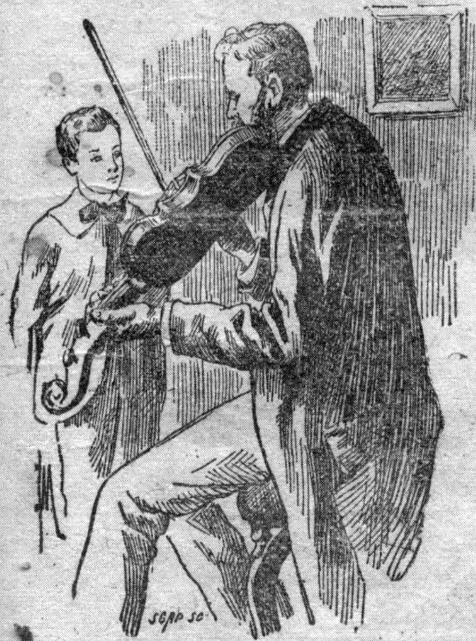

Alors Justin chantait et le père accompagnait doucement la petite voix sur le violon. C'était très joli et ne semblait pas du tout difficile.

Le papa n'avait qu'à placer le haut du violon entre son menton et sa poitrine; prendre le manche de l'instrument dans sa main gauche, dont les doigts touchaient les cordes l'une après l'autre; puis de la main droite prendre l'archet, et le promener sur le milieu des cordes comme ceci : en haut, en bas, en haut, en bas : et le violon chantait tout ce qu'on voulait. Cela paraissait si simple et si facile à exécuter, que l'enfant voulut jouer à son tour.

« Donne, mon père, lui dit-il, donne ton violon, que je joue *Au clair de la lune, mon ami Pierrot.* »

Le père donna son violon, et le petit garçon le posa très adroitement comme il avait vu faire à son père : le haut entre le menton et la poitrine, le manche dans la main gauche, l'archet dans la main droite; une! deux! puis il joua...

Mais quelle chose affreuse on entendit! Au lieu du joli chant qu'on lui demandait, le violon ne fit que grincer, ronfler, crier, grogner, hurler!... Cela déchirait si horriblement les oreilles que le petit garçon, tout effrayé, courut rendre le violon à son père, en lui disant :

« Mais, papa, que faut-il donc faire pour qu'un violon chante de beaux airs?

— C'est bien simple, mon enfant, répondit le père, il faut apprendre à le faire chanter. »

(Mme PAPE-CARPANTIER, *Histoires et Leçons de choses* [1].)

Questionnaire. — 1. Que faisait le petit Justin et quel plaisir éprouvait-il lorsque son père jouait sur le violon des airs de sa connaissance? — 2. Comment s'y prenait celui-ci pour jouer l'air? — 3. Que voulut faire Justin à son tour? — 4. Pourquoi n'y réussit-il pas? — 5. Que fallait-il donc qu'il fît? — 6. Que devez-vous faire vous-mêmes pour être instruits?

MAXIMES.

Il faut étudier quand on est jeune : le temps perdu ne se retrouve plus.

Tels vous avez été à l'école, tels vous serez dans la vie.

Un bon écolier se prépare un avenir heureux.

1. HACHETTE ET Cie, éditeurs.

RÉSUMÉ.

Je veux être un bon écolier, car c'est de l'instruction que je recevrai à l'école et de la façon dont je m'y conduirai que dépendra mon avenir.

Je serai avant tout assidu, exact aux heures de classe. Je ne serai ni distrait ni bavard. Je suivrai attentivement les explications du maître, j'étudierai mes leçons et m'appliquerai à tout ce que j'aurai à faire.

RECITATIONS.

1. — L'araignée et le ver à soie.

L'araignée, en ces mots, raillait le ver à soie :
« Bon Dieu ! que de lenteur dans tout ce que tu fais !
Vois combien peu de temps j'emploie
A tapisser un mur d'innombrables filets.

— Soit, répondit le ver, mais ta toile est fragile,
Et puis à quoi sert-elle ? à rien
Pour moi, mon travail est utile ;
Si je fais peu, je le fais bien. »

(LE BAILLY.)

2. — La guenon, le singe et la noix.

Une jeune guenon cueillit
Une noix dans sa coque verte;
Elle y porte la dent, fait la grimace... « Ah! certe,
Dit-elle, ma mère mentit,
Quand elle m'assura que les noix étaient bonnes;
Puis croyez aux discours de ces vieilles personnes
Qui trompent la jeunesse! Au diable soit le fruit! »
Elle jette la noix. Un singe la ramasse,
Vite entre deux cailloux la casse,
L'épluche, la mange et lui dit :
« Votre mère eut raison, ma mie;
Les noix ont fort bon goût, mais il faut les ouvrir.
Souvenez-vous que, dans la vie,
Sans un peu de travail on n'a pas de plaisir. »

(FLORIAN, *Fables.*)

---

3. — L'écolier négligent.

« Amusons-nous d'abord, dit Léon; mon devoir,
Je le ferai tantôt, je le ferai ce soir. »
Le soir, il bâille et dort: mais, pour faire sa tâche,
Il va, dit-il, demain réveiller le soleil.
Le réveiller! hélas! on l'appelle, on se fâche :
A sept heures encore, il dort d'un plein sommeil.
En classe, il est puni; cela n'est pas merveille :
Comment ne pas punir un écolier pareil?
Moi pas si fou: je fais tous mes devoirs la veille.
Qui toujours remet à demain
Trouvera malheur en chemin.

(LOUIS RATISBONNE.)

---

4. — L'assiduité à l'école.

Pour un léger mal de tête, pour une nuit où le sommeil a été moins bon, pour un repas de famille ou une fête, comme le petit paresseux manque l'école! Une autre fois, il parlera de la neige, de la pluie, du verglas ou du soleil et de la chaleur accablante. Tous les prétextes lui sont bons. Ah! mauvais petit paresseux, tu ne sais pas ce que tu perds en agissant ainsi. Tu es un peu comme celui à qui on donnerait un beau pain blanc et qui s'amuserait à le jeter aux quatre vents du ciel, au lieu de s'en nourrir. L'instruction que tu vas chercher à l'école, c'est le pain blanc qui entretient la force et la santé de ton intelligence.

(JEAN AICARD.)

5. — Le bon écolier.

De son pupitre d'écolier
Il n'ose pas lever la tête;
Jamais sa plume ne s'arrête,
Tant il s'applique à travailler.

En classe toujours le premier,
Comme il y porte un air de fête!
Il sait qu'une œuvre gaîment faite
Porte bonheur à l'ouvrier.

Neuf ans! Il a hâte d'apprendre,
De bon matin il faut s'y prendre
Pour ne pas rester en chemin.

Dans la chaire où s'assied le maître,
Un jour il montera peut-être,
Pour peu qu'on lui tende la main.

(H. DURAND.)

18e LEÇON. — Devoirs envers l'instituteur.

LECTURE.

1. — Reconnaissance.

Le célèbre Villars, voyageant incognito, traversait un petit village de Lorraine pour aller rejoindre son corps d'armée. C'était un dimanche : il entra dans l'église pour assister à l'office. Quelle fut sa surprise quand, parmi les chantres assis au lutrin, il crut reconnaître Walter, son ancien précepteur! Il sort aussitôt, interroge les habitants qu'il rencontre, et s'assure qu'il ne s'est pas trompé : c'est bien Walter qu'il a vu dans l'église. On lui raconte en quelques mots son histoire. Ruiné par des revers de fortune, il est venu se retirer dans son village natal, et là, malgré ses maigres ressources, il a ouvert une école gratuite pour les petits enfants.

Une heure après, Villars se présentait au modeste logis de son vieux maître : « Eh quoi! vous ici, vous qui étiez jadis recherché par les plus illustres familles? — Oui, monsieur le duc, par les plus illustres, et ajoutez les plus ingrates. — Que dites-vous, Walter? Ah! si quelques-uns de vos anciens élèves ont pu vous oublier, il en est un qui s'est toujours souvenu et se souviendra toujours de vos soins et de votre dévouement. » Et en même temps il tendait sa bourse au vieillard. « Non, dit celui-ci, ne me faites pas un don qui nous humilierait l'un et l'autre. Le peu que j'ai me suffit. Votre affection m'est plus précieuse que tout l'argent du monde. Répétez-moi, mon cher Villars, que vous penserez toujours à moi, et je mourrai content. » Pour toute réponse, Villars le serra chaleureusement dans ses bras. Cette loyale étreinte valait la plus solennelle des promesses.

Toutes les fois qu'il le put, Villars vint rendre visite à son ancien précepteur ; et quelques années après, quand Walter mourut, sa dernière pensée, comme sa dernière parole, fut pour le plus illustre et le plus cher de ses élèves.

(Ch. Lebaigue, *Pour nos fils*, cours moyen[1].)

Questionnaire. — 1. Qui fut aperçu par le célèbre Villars dans un petit village de la Lorraine ? — 2. Pourquoi Walter est-il là et qu'y a-t-il fait, malgré ses faibles ressources ? — 3. De quoi se plaint-il à son élève, qui est venu l'embrasser ? — 4. Quel langage lui tint alors celui-ci et qu'offrit-il à son ancien maître ? — 5. Walter accepta-t-il ? — 6. Villars ne lui procura-t-il pas une plus précieuse récompense ? — 7. Comment se conduisit-il à l'égard de son précepteur, et, quand celui-ci mourut, pour qui fut sa dernière pensée comme sa dernière parole ? — 8. Comment devez-vous vous conduire vous-mêmes à l'égard de votre bon maître et lui témoigner votre reconnaissance, soit pendant que vous serez à l'école, soit lorsque vous l'aurez quittée ?

MAXIMES.

Celui qui vous instruit est un second père.

L'homme que vous devez le plus aimer et respecter après vos parents, c'est votre maître.

Ne négligez aucune occasion de témoigner votre reconnaissance envers votre instituteur.

RÉSUMÉ.

Le maître remplace mes parents, qui n'auraient ni le temps ni peut-être les moyens de m'instruire.

Je l'aimerai donc et lui obéirai, afin de rendre sa tâche moins pénible ; je le respecterai toujours, et je lui serai reconnaissant, à l'école et toute la vie, des soins qu'il prend et des peines qu'il se donne pour moi.

1. Belin frères, éditeurs.

RÉCITATIONS.

1. — Le maître.

Petits enfants au cœur bien né,
Aimez-le tous, comme il vous aime,
Ce maître qui vous a donné
La meilleure part de lui-même.

(H. DURAND.)

---

2. — L'instituteur.

J'instruis tous les enfants du village, et les heures
Que je passe avec eux sont pour moi les meilleures

Je me dis que je vais donner à leur esprit
La vérité, ce pain dont l'âme se nourrit;
Puis je pense tout haut pour eux; le cercle écoute,
Et mon cœur dans leur cœur se verse goutte à goutte.

(LAMARTINE.)

---

3. — Le maître et l'écolier.

« Qu'il fait sombre dans cette classe!
Rien qu'un mur gris, un tableau noir,
Et puis toujours la même place,
Et toujours le même devoir!

Toujours, toujours ce même livre,
Et toujours ce même cahier!
Peut-on appeler cela vivre?
Moi, je l'appelle s'ennuyer! »
Ainsi parlait, dans son école,
Un petit écolier mutin.

Le maître alors prit la parole
Et lui dit : « Quoi! chaque matin,
Toujours de cette même chaire
Répéter la même leçon,
Enseigner la même grammaire
A ce même petit garçon,
Qui reste toujours, quoi qu'on fasse,
Ignorant, distrait, paresseux!
Lequel devrait, dans cette classe,
S'ennuyer le plus de nous deux? »

(Louis Tournier.)

19e LEÇON. — Devoirs envers les camarades.

LECTURE.

1. — La camaraderie.

Dans son enfance, Henry Martyn était d'une constitution faible et délicate; sa santé l'empêchait en général de prendre part aux jeux de l'école. Il n'en avait pas moins un caractère assez vif et un peu emporté. Ses camarades, qui s'en étaient aperçus, s'amusaient à le taquiner pour le mettre en colère. Comme ils étaient plus forts que lui, ses emportements les divertissaient, au lieu de leur faire peur.

L'un des plus grands le prit cependant en amitié, précisément parce qu'il le voyait faible et opprimé ; il se fit son protecteur contre ceux qui le persécutaient, se battit au besoin pour lui, et l'aida même dans ses devoirs.

Se sentant ainsi soutenu et encouragé, Henry Martyn commença par se guérir de ses accès de colère. Le calme de son grand camarade le forçait à rentrer en lui-même et à se modérer. Sous la direction du même ami, qui aimait le travail, il devint à son tour laborieux et obtint le premier rang à la fin de l'année. Sans cette heureuse rencontre, il aurait peut-être fort mal continué ses études, comme il les avait mal commencées.

Rien de plus précieux que de trouver ainsi une bonne amitié au début de la vie.

(A. Mézières, *Education morale et Instruction civique* [1].)

Questionnaire. — 1. Quels étaient le tempérament et le caractère de Henry Martyn dans son enfance ? — 2. Quelles persécutions eut-il à subir de la part de ses camarades ? — 3. Pourquoi l'un d'eux le prit-il sous sa protection et comment lui témoigna-t-il son amitié ? — 4. Quelles furent les heureuses conséquences de cette amitié pour Martyn ? — 5. Que serait-il devenu sans cela ? — 6. Quels sont donc les avantages d'une bonne camaraderie ?

MAXIMES.

L'école est une seconde famille. Les élèves doivent se considérer comme des frères.

Fréquentez et imitez les bons élèves.

1. Un volume in-12, cartonné, 1 fr. 25. Charles Delagrave, éditeur.

RÉSUMÉ.

Les élèves d'une même école sont comme les enfants d'une même famille. J'aimerai donc mes camarades; je les aiderai, autant que possible, dans leurs travaux.

Je ne serai à leur égard ni taquin, ni jaloux, ni querelleur, et je ne dénoncerai pas leurs fautes sans nécessité.

Je prendrai exemple sur les bons élèves et je m'efforcerai de les imiter.

RECITATIONS.

1. — Le mauvais camarade.

En jouant à saute-mouton,
Frédéric est tombé par terre,
Et voilà qu'il saigne au menton!
Jean le relève comme un frère.
Le grand Victor, tout au contraire,
Sans pitié le raille et lui dit :
« As-tu la colique, petit? »
Et puis il éclate de rire.
Mais tout à coup, paf! dans la cour
Victor tombe et pleure à son tour,
Et chacun se met à lui dire :
« Victor sans doute a mal aux dents;
Mais ça guérit avec le temps. »
Vous qui riez des maux des autres,
Qui vous plaindra quand on rira des vôtres?

(FRÉDÉRIC BATAILLE, *les Fables de l'école et de la jeunesse*

---

2. — L'honneur à l'école.

Ne pouvant obtenir l'aveu sincère et prompt
D'un fait grave, impliquant un légitime affront,

1. PAUL DUPONT, éditeur

Le professeur punit la classe tout entière,
Sachant qu'en pareil cas, c'est la seule manière
D'atteindre sûrement le coupable entre tous.
« Qu'il se nomme, dit-il, les autres sont absous. »
Aucun n'a murmuré contre cette injustice,
Et, comme ils n'aiment pas à faire la police,
Ils gardent le silence, usant avec hauteur
Du droit de n'être pas lâchement délateur;
Leur muet dévouement grandit et se résigne.
Le coupable honteux en sera-t-il indigne?
Non, car, tout frémissant d'un douloureux émoi,
Très courageux, il dit en se levant : « C'est moi ! »

(A. DEWAILLY.)

20e LEÇON. — Après l'école.

LECTURE.

1. — Volonté pour l'instruction.

Georges Stephenson était fils d'un pauvre ouvrier mineur; à 15 ans, il travaillait déjà à la mine et gagnait douze sous par jour. A 17 ans, il ne savait pas lire; il apprit tout seul, et, pour pouvoir acheter quelques livres, il employait une grande partie de ses nuits à raccommoder les vieux souliers de ses camarades.

n Anglais nommé Lee, ouvrier charpentier, ayant vu ans une synagogue où il travaillait de son état une Bible imprimée en caractères hébraïques, fut pris d'un immense désir de savoir l'hébreu : il acheta une grammaire d'occasion, apprit tout seul, et devint un professeur fort savant.

Un autre Anglais, Edmond Stones, avait commencé par être jardinier. On lui demandait un jour comment il avait fait pour devenir non seulement instruit, mais savant : « Il suffit, répondit-il, de savoir les vingt-quatre lettres de l'alphabet,... et de vouloir : avec cela on apprend tout le reste. »

Le général Drouot, né à Nancy en 1774, était fils d'un boulanger. Lorsqu'on organisa l'artillerie et le génie, Drouot alla à Metz se présenter à la commission chargée d'examiner les candidats au grade d'officier dans ces deux armes. A la vue d'un jeune garçon vêtu en paysan, à l'air rustique, on crut à une méprise de sa part; mais il déclara qu'il venait pour être interrogé; on l'interrogea. Poussé de questions en questions jusqu'aux dernières difficultés du programme, il répondit de manière à émerveiller ses juges. « Où avez-vous étudié? lui demanda l'un d'eux. — J'ai étudié seul. » L'examinateur se leva et l'embrassa, et le jeune paysan, dont on était près de se moquer tout à l'heure, fut porté en triomphe par ses concurrents.

(A. Mézières, *Éducation morale et Instruction civique*[1].)

Questionnaire. — 1. Que faisait Georges Stephenson pour se procurer des livres, lorsqu'il eut appris à lire? — 2. Que fit Lee pour apprendre l'hébreu, et que devint-il plus tard? — 3. Que répondait Stones à ceux qui lui demandaient comment il était parvenu à être non seulement instruit, mais savant? — 4. Que fit Drouot lorsqu'on organisa l'artillerie et le génie à Metz? — 5. Comment passa-t-il son examen et où l'avait-il préparé? — 6. Que devrez-vous faire à votre tour pour fortifier votre savoir et continuer à vous instruire, lorsque vous aurez quitté l'école?

MAXIMES.

Après qu'on a travaillé, le plus utile des délassements est une bonne lecture.

1. Un volume in-12, cartonné, 1 fr. 25. Charles Delagrave, éditeur.

Tant que tu vivras, cherche à t'instruire.

Fuis les mauvaises compagnies et surtout celle des paresseux.

Sois une bonne ménagère et tu seras estimée et heureuse.

RÉSUMÉ.

Après ma sortie de l'école, mon éducation ne sera pas terminée, je continuerai à m'instruire en suivant les cours d'adultes et en faisant de bonnes lectures.

Je fréquenterai les gens de bon conseil et surtout mon instituteur.

Je choisirai bien mes camarades et je fuirai les mauvaises compagnies.

Si je suis placé en apprentissage, je serai docile, honnête et laborieux, et, si mes parents sont cultivateurs, je suivrai leur profession et préférerai la vie tranquille des champs à celle des villes.

RÉSUMÉ SPÉCIAL POUR LES FILLES.

Quand j'aurai quitté l'école, je continuerai à m'instruire, afin d'augmenter mes connaissances.

Si je reste dans ma famille, je m'appliquerai, sous la direction de ma mère, à tous les travaux du ménage.

Si je suis apprentie, je serai docile et travailleuse, afin de devenir plus tard une habile ouvrière.

Quelle que soit ma condition, j'aurai toujours une vie occupée et sérieuse, afin de rester honnête et respectée.

RÉCITATIONS.

1. — La renoncule et l'œillet.

La renoncule, un jour, dans un bouquet
Avec l'œillet se trouva réunie :

Elle eut, le lendemain, le parfum de l'œillet :
On ne peut que gagner en bonne compagnie.

(BÉRANGER.)

2. — Un jour de pluie.

Jean n'aime pas les jours de pluie,
Il ne sait pas s'amuser seul.
Lorsque en bande l'on peut jouer sous le tilleul,
Il ne dit jamais : Je m'ennuie!
Certain jeudi du mois de juin
Qu'il pleuvait depuis le matin,
Jean, dépité, s'en va trouver son frère,
Un peu moins grand que lui, qui lisait au salon :
« Comme le temps me paraît long!
Viens causer avec moi, du moins, pour nous distraire;
Tu dois t'ennuyer là, tout seul, horriblement!

— Je m'amuse si bien que je ne veux te suivre,
Répondit le petit Armand;

Moi, je lis un conte charmant. »
On n'est jamais tout seul avec un livre.
(Mme Sophie Hue, *les Maternelles.*)

3. — Petits paysans.

Petits paysans à la mine rose,
Éveillée ainsi qu'une fleur éclose,
Vos rêves sont purs, vos cœurs innocents.
Restez dans vos champs, petits paysans.

Petits paysans à robuste haleine,
Libres, vous courez du mont à la plaine;
La franchise en vous met ses vrais accents.
Gardez bien vos champs, petits paysans.

Petits paysans du pays de France,
Soyez notre force et notre espérance;
Chers enfants, joyeux d'être obéissants,
Veillez sur vos champs, petits paysans.

Fils de paysans, la loi vous appelle;
Qu'au drapeau chacun de vous soit fidèle.
L'honneur vous répète en mots frémissants :
« Mourez pour vos champs, fils des paysans! »
(Frédéric Bataille, *Choix de poésies* [1].)

1. Paul Dupont, éditeur

21e LEÇON. — La politesse.

LECTURE.

1. — Une leçon de politesse.

Dans le village où je vais passer mes vacances,... je rencontrais de temps à autre un enfant de sept à huit ans, qui ne pouvait se décider à m'ôter son chapeau. L'impolitesse d'un homme peut laisser indifférent, mais celle d'un enfant cause toujours une impression pénible. Je me dis donc en moi-même : « Il faut que je l'amène à tirer son chapeau, » et voici comment je m'y pris.

A la première rencontre, je lui fis un grand salut, comme s'il eût été monsieur le maire en personne ou monsieur le conseiller général. L'enfant parut surpris, mais ne me paya point de retour; quand je fus passé, je vis du coin de l'œil qu'il s'était retourné et me suivait du regard. « Bon! me dis-je, il me prend pour un original. » Chez nous, un original, c'est un homme qui n'est pas tout à fait sain d'esprit.

Le lendemain, nouvelle rencontre, nouveau salut. Cette fois encore, j'en fus pour mes frais, et le chapeau ne bougea pas; l'enfant avait-il conçu quelque vague idée de mon intention? je ne sais; mais il eut l'air embarrassé, et passa en baissant la tête.

Cela me parut un bon signe.

La fois suivante, du plus loin qu'il me vit, il tourna bride et disparut. Évidemment mon salut n'était pas de son goût; peut-être y soupçonnait-il quelque moquerie.

A la quatrième rencontre, il n'eut pas le temps de s'esquiver, car je sortais d'une porte au moment même où il passait, et nous nous trouvâmes face à face. « Bonjour, mon ami, » lui dis-je, de ma voix la plus engageante et mon chapeau à la main. L'enfant rougit, fit un crochet, et je vis sa main qui s'élevait jusqu'à la hauteur du chapeau; mais le chapeau resta en place, et le porteur se sauva à toutes jambes.

La cinquième fois enfin, je recueillis le fruit de ma persévérance, et avant que mon chapeau eût laissé voir ma tête, le sien était descendu. Victoire mémorable! J'abordai l'enfant, je lui pris la main, je lui parlai de ses parents, de l'école; mais pas un mot touchant la politesse; car il avait compris. Depuis ce jour, Fanfan et moi, nous sommes une paire d'amis.

(A. VESSIOT, *Pour nos enfants*[1].)

Questionnaire. — 1. Quelle impression cause l'impolitesse d'un enfant? — 2. Racontez ce que fit l'auteur de cette lecture pour corriger un enfant impoli. — 3. Que se passa-t-il lors de la première rencontre? — 4. Quelle fut l'attitude de l'enfant à la deuxième? — 5. Pourquoi se sauve-t-il, se met-il à courir à la troisième? — 6. Quelle amélioration put-on constater à la quatrième et enfin à la cinquième rencontre? — 7. Quels sentiments éprouve-t-on à l'égard d'un enfant poli? — 8. Comment fut traité ensuite l'enfant devenu poli? — 9. Comment vous montrez-vous polis?

MAXIMES.

Soyez prévenants, soyez aimables, et l'on vous aimera.

La politesse est un fonds qui ne coûte rien et rapporte beaucoup.

Ne vous occupez jamais de ce qui ne vous regarde pas.

---

1. LECÈNE, OUDIN ET Cie, éditeurs.

RÉSUMÉ.

Je veux être un enfant poli, afin d'être bien vu de tout le monde.

Je resterai découvert en présence des personnes plus âgées que moi; je les saluerai en les rencontrant dans la rue; je serai prévenant pour tout le monde et je ne chercherai pas à connaître les choses qui ne me concernent pas.

A table, je me tiendrai bien et je mangerai proprement. Partout, je m'efforcerai d'être réservé et convenable.

RÉCITATIONS.

1. — Le papillon et la tulipe.

Sur la tulipe un papillon se pose.
« D'où vient, dit-il, la douce odeur
Qui s'exhale aujourd'hui de ta charmante
[fleur? »
La tulipe répond : « C'est que je suis éclose
A côté d'une rose. »
Pour acquérir politesse et bonté,
Fréquentons les meilleurs de la société.

(Frédéric Bataille.)

2. — Les deux diamants.

« Du sein de la même carrière
Nous sommes sortis tous les deux,
Disait un jour à son confrère
Un diamant tout raboteux.
Ma grosseur vaut celle d'un autre
Et mon prix, ce me semble, égale bien le vôtre
Cependant nous avons un sort tout différent :
Chacun vous admire et vous prise,

Vous attirez sur vous les regards du passant,
Et moi, si l'on ne me méprise,
On me voit tout au moins d'un œil indifférent.
D'où vient donc cette différence?
Et tandis qu'avec vous j'ai tant de ressemblance,
Pourquoi suis-je partout moins loué, moins chéri?
— C'est, lui dit l'autre alors, c'est que je suis *poli*. »

(REYRE.)

8. — Le bréviaire de la politesse usuelle [1].

La politesse dans la rue. Salue tes maîtres et tes amis quand tu les rencontres. Ne bouscule pas les passants. N'écris pas avec de la craie sur les portes, les murs et les enclos. Ne stationne pas devant les devantures des magasins et ne taquine pas les marchands. Ne fais pas de glissades sur les trottoirs et ne jette pas les peaux d'orange sur la chaussée. Ne te moque pas des vieillards et des infirmes.

La politesse à table. Ne porte pas ton couteau à ta bouche Pense à ce que désirent les autres, et non pas seulement à toi. Ne sois pas glouton. Ne parle pas avec la bouche pleine, ne mets pas les coudes sur la table.

1. A cause de l'importance de la leçon qui nous occupe, nous avons cru devoir faire figurer comme *Récitation* ces conseils sur la politesse usuelle, que nos enfants ne sauraient trop retenir et mettre en pratique, à toute occasion.

La politesse envers soi-même. Elle exige de chacun de vous qu'il soit sincère, honnête, qu'il n'emploie pas des mots grossiers, qu'il évite la mauvaise compagnie et qu'il rentre, après la fin des leçons et des jeux, propre, avec des vêtements bien brossés et sans déchirures.

La politesse partout. Ne sois jamais impoli avec qui que ce soit, plus jeune ou plus âgé, plus riche ou plus pauvre. N'oublie jamais de dire : « S'il vous plaît » ou « Merci ». Avant d'entrer dans une chambre, la politesse exige qu'on frappe à la porte. N'oublie jamais de fermer la porte derrière toi sans bruit. Sois prévenant pour les personnes âgées et les étrangers ; rends-leur de petits services, comme d'ouvrir la porte devant eux, de leur apporter un chapeau, une chaise, un tabouret ; en un mot, tâche de leur éviter toute peine. N'interromps jamais une personne plus âgée que toi. Ne sois jamais en retard[1].

JANVIER

V. — DEVOIRS ENVERS LA PATRIE

22e LEÇON. — La patrie.

LECTURE.

1. — Paroles d'un vieux soldat.

Le père Chauffour, mon oncle, n'était plus qu'une ruine

1. Ces conseils ont été empruntés au « *Club de politesse des enfants* », association fondée en Angleterre dans le but de compléter et de fortifier l'action éducative de l'école et de la famille.

'homme. A la place d'un de ses bras pendait une manche repliée; la jambe gauche sortait de chez le tourneur, et la droite se tirait avec peine ; mais au-dessus de ces débris se dressait un visage calme et jovial...

Toutes les fois que je visitais mon oncle, en vieux soldat qu'il était, il me disait des choses qui me restaient dans l'esprit. Un jour, je le trouvai tout soucieux.

« Jérôme, me dit-il, sais-tu ce qui se passe à la frontière ?

— Non, mon oncle, lui répondis-je.

— Eh bien, reprend-il, la patrie est en péril. »

J'étais encore un enfant, je ne comprenais pas trop, et cependant ça me fit quelque chose.

« Tu n'as peut-être jamais pensé à ce que c'est que la

patrie, reprit-il en me passant sa main sur l'épaule : c'est tout ce qui t'entoure, tout ce qui t'a élevé et nourri, tout ce que tu as aimé ; cette campagne que tu vois, ces moissons, ces arbres, c'est la patrie.

« Les lois qui te protègent, le pain qui paye ton travail, les paroles que tu échanges, la joie et la tristesse qui te viennent des hommes et des choses parmi lesquels tu vis, c'est la patrie.

« La petite chambre où tu as vu autrefois ta mère, les souvenirs qu'elle t'a laissés, la terre où elle repose, c'est la patrie.

« Tu la vois, tu la respires partout! Figure-toi, mon enfant, tes droits et tes devoirs, tes affections et tes besoins, tes souvenirs et ta reconnaissance, réunis tout ça sous un seul nom, et ce nom sera la patrie...

« La patrie, c'est la famille en grand, c'est le morceau du monde où sont attachés notre corps et notre âme. »

J'étais tremblant d'émotion avec de grosses larmes dans es yeux.

(Émile Souvestre, *Un philosophe sous les toits* [1].)

Questionnaire. — 1. Faites le portrait du père Chauffour. — 2. Que faisait-il chaque fois que son neveu Jérôme le visitait, et que lui dit-il, un jour, en lui parlant de la patrie? — 3. Comment apprit-il à Jérôme ce que c'est que la patrie, en faisant allusion à la terre natale? — 4. aux joies et aux tristesses qui lui viennent des hommes et des choses? — 5. à son habitation, à la terre où repose sa mère? — 6. à ses droits et à ses devoirs, à ses affections, à ses souvenirs, etc.? — 7 au pays où Dieu a fixé sa destinée? — 8. De quelle émotion était saisi le jeune Jérôme en écoutant les paroles du vieux soldat? — 9. Que ressentez-vous vous-mêmes lorsque vous entendez prononcer ce beau nom : la patrie?

MAXIMES.

La patrie est la grande famille qu'il faut aimer de tout notre cœur.

C'est de la cendre de nos parents morts qu'est faite la patrie.

RÉSUMÉ.

La patrie, c'est la ville ou le village où nous sommes nés; ce sont les villes et les villages voisins, c'est notre département, c'est la France entière.

La patrie est comme une grande famille dont tous les membres parlent la même langue, ont les mêmes peines et les mêmes joies, les mêmes souvenirs et le mêmes espérances.

1 Calmann Lévy, éditeur.

RÉCITATIONS.

1. — Le pays natal.

Combien j'ai douce souvenance
Du joli lieu de ma naissance!
Ma sœur, qu'ils étaient beaux les jours
De France!
O mon pays, sois mes amours
Toujours!

Te souvient-il que notre mère,
Au foyer de notre chaumière,
Nous pressait sur son cœur joyeux,
Ma chère?
Et nous baisions ses blancs cheveux
Tous deux!

Te souvient-il du lac tranquille
Qu'effleurait l'hirondelle agile,
Du vent qui courbait le roseau
Mobile,
Et du soleil couchant sur l'eau,
Si beau?

(CHATEAUBRIAND.)

2. — La patrie[1].

Dis, quelle est ta patrie?

C'est la maison de ma naissance,
Qui vit mes premiers pas tremblants;
Elle a protégé mon enfance,
La maison de mes chers parents.

C'est le joli petit village,
L'école blanche au rouge toit,
Où les maîtres de mon jeune âge
Me disent : « Sois sage, instruis-toi.

Oui, c'est surtout ma chère France,
La terre belle et douce aux yeux,
Qui met en moi son espérance,
C'est la terre de mes aïeux.

Ma belle France est ma patrie.
Je veux toujours m'en souvenir.
Je dois lui consacrer ma vie,
Pour elle je saurai mourir.

(OCTAVE AUBERT, *Pour nos chers enfants*[2].)

23e LEÇON. — La France, ses grandeurs et ses malheurs.

LECTURE.

1. — Les souvenirs du grand-papa.

Comme le grand-papa a été soldat, vous savez bien, mes enfants, ce qui lui fait plaisir à dire et ce qui vous fait plai-

---

1. Voir, à l'*Appendice*, page 240, la musique de ce morceau.
2. FERNAND NATHAN, éditeur.

sir à entendre. Vous l'interrogez su[r] [l]es campagnes. Quand il touche à ce sujet, on ne s'aperçoit plus qu'il est vieux. Ses yeux brillent, sa voix s'élève. Il revoit le champ de bataille, ses camarades blessés ou tués à côté de lui, son capitaine qui l'a félicité, le général qui a attaché peut-être sur sa poitrine un bout de ruban. Puis il s'interrompt avec un soupir. Nous n'avions pas encore été vaincus. En Afrique, en Crimée, le drapeau tricolore conduisait à la victoire. Depuis, on a été malheureux. Vous savez bien, mes enfants, qu'il manque un morceau de la vieille carte de France.

Écoutez ce que dit le grand-papa. Quand il songe à cela, il s'afflige et il s'indigne; une larme, qu'il ne veut pas essuyer, mais qui coule jusqu'à sa barbe grise, montre qu'il est ému. Il ne désespère pas cependant; il reprend confiance en vous regardant. N'oubliez jamais ce regard. Il vous trace le devoir que vous aurez à remplir un jour, quand vous serez grands.

(A. Mézières, *Éducation morale et Instruction civique* [1].)

Questionnaire. — 1. Que vous raconte le grand-papa, lorsque vous êtes auprès de lui? — 2. Qu'éprouve-t-il, que lui semble-t-il voir pendant ses récits? — 3. Pourquoi s'interrompt-il avec un soupir? — 4. Que dit-il d'autrefois et du temps présent? — 5. Pourquoi cette larme qui descend sur sa barbe grise? — 6. Qu'est-ce qui lui fait reprendre confiance? — 7. Qu'attend de vous la patrie et quel devoir aurez-vous à remplir envers elle, quand vous serez grands?

MAXIMES.

Aucune patrie ne mérite plus que la France d'être aimée par ses enfants.

A toi nos cœurs, à toi nos bras, terre bonne et généreuse.

Tout homme a deux pays : le sien et puis la France.

---

1. Un volume in-12, cartonné, 1 fr. 25. Charles Delagrave, éditeur.

RÉSUMÉ.

La France, ma patrie, est un pays privilégie par la beauté et la richesse de son sol, par la douceur de son climat.

C'est une patrie glorieuse par les victoires de ses armées et par les œuvres de ses grands hommes. C'est une patrie juste et généreuse, car elle a toujours combattu pour la justice et le droit.

Je l'aime donc pour sa beauté et ses grandeurs, mais aussi pour ses malheurs.

RÉCITATIONS.

1. — Les vaillants du temps jadis [1].

Gardons bien la mémoire
Des Celtes, nos aïeux,
Qui, dans les jours de gloire,
Savaient mourir joyeux.
Ils ont fait trembler la terre
En poussant leur cri de guerre.
Gloire aux vaillants du temps jadis!
Frères, soyons leurs dignes fils!

Suivons la noble trace
Des preux vêtus de fer;
Leur cœur, sous la cuirasse,
Battait loyal et fier.
Par l'épée et par la lance
Ils servirent notre France.
Gloire aux vaillants du temps jadis!
Frères, soyons leurs dignes fils!

Pour Jeanne la Lorraine
Ayons un cœur pieux;
Bayard, Crillon, Turenne,
Soyez devant nos yeux!

---

1 Voir, à l'*Appendice*, page 239, la musique de ce morceau.

Que la grande République
Nous inspire une âme antique!
Gloire aux vaillants du temps jadis!
Frères, soyons leurs dignes fils!

(MAURICE BOUCHOR, *Chants populaires pour les écoles*

---

2. — Gloire à la France [2]!

Gloire à la France au ciel joyeux,
Si douce au cœur, si belle aux yeux,
Sol béni de la Providence.
Gloire à la France!

Forêts au front, vigne au côté,
Elle a ce qui fait la beauté
Et ce qui donne l'abondance.
Gloire à la France!

O ma patrie, au cœur puissant,
Fière d'instinct, riche de sang,
Qui sans s'appauvrir se dépense.
Gloire à la France!

Tout vient vers elle et tout en part,
Elle est le Progrès, elle est l'Art;
Sol qui produit, peuple qui pense.
Gloire à la France!

Mais de ces traits de splendeur
Le plus parfait et le meilleur
C'est sa grande âme au souffle immense.
Gloire à la France!

Et c'est pourquoi nous, ses enfants,
Soit terrassés, soit triomphants,
Nous gardons tous une espérance.
Gloire à la France!

(PAUL DÉROULÈDE, *Chants du soldat* [3].)

1. HACHETTE ET Cie, éditeurs.
2. Voir, à l'*Appendice*, page 241, la musique de ce morceau.
3. CALMANN LÉVY, éditeur.

24e LEÇON. — L'amour de la patrie.

LECTURE.

1. — Trait de patriotisme.

A la bataille de Jemmapes, au moment où une colonne abordant une des redoutes défilait devant le général Dampierre au cri de « Vive la République! » comme soulevée par un enthousiasme qui rendait le sol élastique sous les pieds des soldats, celui-ci aperçut au milieu des volontaires un vieillard à cheveux blancs, qui versait des pleurs en se frappant le sein.

« Qu'as-tu, mon ami? lui dit Dampierre; est-ce le moment de s'attrister pour un soldat que celui qui le mène à la victoire ou à la mort?

— O mon fils! ô mon fils! se répondit à lui-même le com-

battant, faut-il que la pensée de la honte empoisonne pour moi un si glorieux moment! »

Et il raconta au général que son fils, enrôlé dans le premier bataillon de Paris, avait déserté son drapeau et que lui-même il était parti à l'instant pour le remplacer et pour donner sa vie, en échange du bras que la lâcheté de son fils avait enlevé à la nation.

Ce trait de Romain fut consigné dans les proclamations de Dumouriez à son armée. Les jeunes soldats voulaient voir ce vétéran qui rachetait de son sang la faute de son fils, et pensaient à leurs pères en le voyant.

(LAMARTINE.)

Questionnaire. — 1. Qui fut aperçu par le général Dampierre, au moment où une colonne abordant une redoute défilait devant lui? — 2. Que dit le général au vieillard et quelles paroles prononçait celui-ci? — 3. Que raconta-t-il ensuite? — 4. Que fit le général Dumouriez à ce sujet? — 5. Pourquoi les soldats voulaient-ils voir ce vétéran? — 6. Quel bel exemple leur donnait-il? — 7. A quel moment devons-nous surtout prouver que nous aimons la patrie et jusqu'où doit aller notre attachement pour elle?

MAXIMES.

Tout bon Français doit aimer sa patrie.

J'aime mon village plus que ton village, j'aime la France plus que tout.

Gloire à ceux qui sont morts pour la patrie!

RÉSUMÉ.

J'aime ma patrie plus que moi-même, parce que c'est elle qui m'instruit et me protège et m'assure tous les biens dont je jouis.

Je lui témoignerai mon amour en obéissant à ses lois, en travaillant à sa grandeur et à sa prospérité, et en la défendant jusqu'à la mort.

RÉCITATIONS.

1. — L'amour de la patrie.

Je ne suis encore qu'un enfant, mais j'aime de tout mon cœur ma patrie. C'est là que je suis né, c'est là que j'ai grandi, avec les leçons de mes maîtres, avec des amis qui me sont chers. C'est là que je me plais à demeurer. Je m'en souviendrai toujours, et quand je serai homme, je tâcherai d'être utile à mon pays.

(X. Marmier, *l'Ami des petits enfants* [1].)

2. — Morts pour la patrie.

Honneur aux fils pieux tombés pour la patrie,
Aux enfants qui faisaient à leur mère meurtrie
Un soutien de leurs bras, un rempart de leur corps
A tous ceux qu'un trépas illustre ou sans mémoire,
Côte à côte, sanglants, a couchés! Paix et gloire
A vous tous, ô pauvres chers morts !

(Louis Guibert.)

1. Hachette et Cie, éditeurs.

25e LEÇON. — Le drapeau.

LECTURE

2. — Les drapeaux de la brigade Lapasset.

Le drapeau est l'emblème de la patrie. La vue du drapeau national réjouit le cœur et donne le courage d'affronter tous les dangers de la guerre.

Chaque régiment est fier du sien et il y tient comme on tient à une partie de soi-même.

C'est un grand désastre, un déshonneur pour une armée que de se laisser prendre ses drapeaux; aussi tous les soldats se font-ils tuer jusqu'au dernier pour les défendre. Écoutez ce qui suit...

Le 27 octobre 1870, jour néfaste, un maréchal de France traître à la patrie, et plus tard condamné à mort, Bazaine, livrait notre ville de Metz à l'ennemi. Un article de la capi-

tulation portait que les drapeaux français seraient livrés aux Prussiens.

Le général Lapasset, commandant d'une brigade, ne voulut point livrer les drapeaux de ses régiments; il ne voulut point qu'ils fussent souillés des mains prussiennes. Il répondit qu'il les brûlerait.

C'est ce spectacle, si solennel et si émouvant, d'un régiment qui brûle son drapeau que représente notre gravure.

La brigade fait le cercle, un vieux sous-officier à genoux met le feu au bûcher. Le général, debout, impassible, regarde, avec une expression de désespoir terrible, les flammes détruire la dépouille sacrée; les tambours battent et saluent une dernière fois le drapeau qui meurt... tous les soldats pleurent...

Ah! mes enfants, pouvons-nous oublier les malheurs de l'année terrible, nos chères provinces perdues? Pouvons-nous jamais oublier ces jours de larmes et de deuil pendant lesquels nos frontières étaient envahies, nos campagnes saccagées, nos maisons détruites par un ennemi sans générosité et digne d'une éternelle colère?

Qui rendra le pays natal, le foyer béni du village à nos frères exilés? Qui rendra Metz à la France et notre Alsace aux Français? En 1919

(D'après E. CUISSART [1].)

Questionnaire. — 1. Qu'est-ce que le drapeau et quel sentiment éprouve-t-on en le voyant? — 2. De quel culte est-il l'objet au régiment? — 3. Que font tous les soldats pour éviter le déshonneur de perdre les drapeaux? — 4. Que fit le maréchal Bazaine le 27 octobre 1870? — 5. D'après un article de la capitulation, que devaient devenir les drapeaux français? — 6. Que fit le général Lapasset? — 7. Que représente la gravure? — 8. Que fait la brigade?... le vieux sous-officier? — 9. Quelle est l'attitude du général? — 10. Comment se termine cette triste cérémonie? — 11. Que pensez-vous de la conduite du maréchal et de celle du général? — 12. Pendant quelle guerre eut lieu cet épisode? — 13. Quelles provinces nous a fait perdre cette guerre

1. *Deuxième Degré de lectures courantes*. ALCIDE PICARD ET KAAN, éditeurs.

malheureuse? — 14. Quel est votre devoir à l'égard de vos frères d'Alsace-Lorraine? Quand sont-elles redevenues française

MAXIMES.

Le drapeau passe, chapeau bas !

Aimons, respectons le drapeau, et versons notre sang pour le défendre.

RÉSUMÉ.

Le drapeau est l'emblème de la patrie; c'est le signe de ralliement des soldats.

Quand je verrai passer le drapeau, je le saluerai avec respect.

Je resterai toujours fidèle à la belle devise qui flotte dans ses plis : *Honneur et patrie!* et, s'il est attaqué, je le défendrai comme la patrie elle-même.

RÉCITATIONS.

1. — Le drapeau français.

Le drapeau français est comme un catéchisme patriotique écrit avec des couleurs.

Il y a trois couleurs, pour nous rappeler trois dogmes : liberté, égalité, fraternité.

Le rouge, qui pend à terre, nous rappelle que nous devons toujours être prêts à laisser couler notre sang pour la patrie. Le blanc est la couleur de la pureté et il nous dit : « Soyez purs et sans tache, c'est-à-dire : Soyez sans haine, sans envie, sans aucun des sentiments bas qui dégradent et qui souillent l'âme. » Enfin le bleu, qui est au-dessus du drapeau, est la couleur du ciel au-dessus de nos têtes, et il nous rappelle que nous devons toujours avoir le front haut l'âme haute, que nous devons toujours élever nos cœurs et dire, pour la France : Plus haut! toujours plus haut!

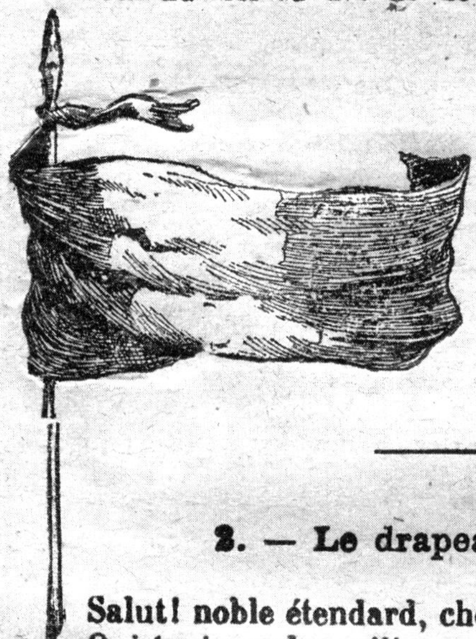

(J.-D. Lefrançais, *Lectures patriotiques sur l'histoire de France*[1].)

2. — Le drapeau tricolore.

Salut! noble étendard, chéri par les soldats,
Qui toujours les rallie au milieu des combats.
Salut! car dans tes plis vient se cacher la gloire;
Il semble, en te suivant, qu'on marche à la victoire.
Noble étendard, salut!...

(Ch. Sinoir.)

3. — Le drapeau du régiment.

Le drapeau, emblème de la patrie, est sous la garde de tous les soldats du régiment auquel il appartient. Ce serait un crime de l'abandonner; à travers les balles et les éclats d'obus, au plus fort de la mêlée, chaque homme doit avoir les yeux fixés sur ce signe de ralliement. Si celui qui le tient tombe mort ou blessé, c'est à qui le reprendra des mains auxquelles il échappe. Les combats les plus acharnés se livrent pour le défendre. Souvent, à la fin de la journée, il pend le long de la hampe, déchiré par la mitraille et teint du sang de ses défenseurs. Mais du moins il est sauvé, et

1. Un volume in-12 cartonné, 1 fr. 25. Charles Delagrave, éditeur.

avec lui est sauvé l'honneur du régiment. Ceux qui survivent le salueront avec orgueil.

(A. Mézières, *Éducation morale et Instruction civique*[1].)

26e LEÇON. — L'obéissance aux lois.

LECTURE.

1. — L'obéissance aux lois.

Mes enfants, il faut apprendre à respecter la loi des l'école : un enfant qui s'habitue à la violer continuera de le faire quand il sera un homme. Or on est un mauvais citoyen si l'on n'obeit pas aux lois. C'est là aussi un des devoirs que commande la patrie. Si chacun de nous faisait comme il lui plaît, la France ne serait plus une nation civilisée, unie et forte; il n'y aurait partout qu'injustice et anarchie. Socrate, un sage de la Grèce, fut injustement condamné à mort. Plutôt que de violer les lois en s'évadant de la prison, comme ses amis le lui proposaient, il préféra mourir innocent.

— Est-ce que cela peut arriver souvent, Monsieur, que les lois soient injustes? — Non, mon ami, surtout depuis que

1. Un volume in-12, cartonné, 1 fr. 25. Charles Delagrave éditeur.

les lois sont faites par tous les citoyens ou du moins par leurs représentants, députés et sénateurs. Plusieurs personnes ont moins de chance de se tromper qu'une seule; toute la nation a les yeux fixés sur ses mandataires, qui font de leur mieux pour travailler à l'intérêt de tous.

Ainsi la loi est en quelque sorte la conscience et la raison de tout le monde. Si elle n'est pas parfaite, on peut être sûr, du moins, qu'elle ne commande jamais le mal et ne défend jamais le bien. D'ailleurs si, par accident, on vient à faire une mauvaise loi, le pays ne tarde pas à s'en apercevoir, et on la modifie.

— Que commande la loi, Monsieur? — De servir la patrie de notre argent par l'impôt et de notre personne par le service militaire; de respecter la personne et la propriété d'autrui et d'obéir aux autorités qui sont chargées par la nation de maintenir l'ordre.

— Que défend-elle? — Le meurtre, le vol, l'injure, le vagabondage et, en général, toute espèce de désordre, tout ce qui peut troubler nos semblables et leur nuire.

(MABILLEAU, *Cours de morale*, cours élémentaire et moyen[1].)

Questionnaire. — 1. Faut-il s'habituer de bonne heure à respecter la loi et pourquoi? — 2. Qu'arriverait-il si chacun pouvait violer la loi? — 3. Quel bel exemple donna Socrate à ce sujet? — 4. Peut-il arriver souvent que des lois soient injustes? — 5. Que commande principalement la loi? — 6. Que défend-elle? — 7. Celui qui n'obéirait pas à la loi serait-il un bon citoyen?

MAXIMES.

Les lois sont faites pour le bien de tous.

Le respect de la loi est le premier devoir du citoyen.

La loi nous assure justice et protection ; sans la loi, il n'y a que la force.

1. HACHETTE ET Cie, éditeurs.

RÉSUMÉ.

Dans la famille, à l'école et jusque dans nos jeux, il faut une règle, sans laquelle il n'y aurait que désordre et confusion. La règle d'un État, c'est la loi.

J'obéirai donc aux lois de ma patrie, parce que ces lois sont faites par tous et dans l'intérêt de tous. J'y obéirai, même si quelquefois elles me paraissent dures et gênantes.

RÉCITATION.

1. — Les révoltés.

Dans le jardin de maître Pierre
Une émeute un jour éclata :
Du potager jusqu'à la serre,
Fleurs et fruits, tout se révolta.
Le melon prétendait qu'on lui faisait injure
En l'enfermant sous un châssis.
La vigne se plaignait qu'on flétrît sa ramure
En la clouant sur un treillis.
« Moi, disait le persil, je défends qu'on m'arrose.
— Et moi, je ne veux plus de tuteur, dit la rose.
— Soit, répondit Pierre en courroux;
J'aurai moins de peine et d'ouvrage. »
Il les abandonna. Son parti fut-il sage?
Les révoltés périrent tous.

(Arnault.)

27e LEÇON. — Le service militaire.

LECTURES.

1. — Le devoir militaire.

Il y a des choses qu'on n'apprend bien qu'au régiment (car, pour apprendre, il faut du temps) : la discipline, l'exactitude et la correction des mouvements, l'habitude de se servir d'une arme, le courage, l'amour du drapeau, tout ce qui fait enfin le bon soldat.

De notre temps, la guerre est devenue une science; il est nécessaire que les bons citoyens l'apprennent, tant que la jalousie et le mauvais vouloir des peuples voisins rendent la guerre possible, nécessaire même un jour ou l'autre.

Préparez-vous donc à acquitter de bon cœur votre dette de soldat.

La patrie n'est grande et forte, elle n'est sûre de conserver ses richesses et son indépendance que si elle dispose d'une armée permanente capable de la défendre au jour du danger.

Sans l'existence d'une armée, vos maisons, vos propriétés, vos personnes seraient exposées aux invasions de l'étranger ou aux attaques des perturbateurs, et, pour instituer cette armée, il faut que vous alliez tous, à tour de rôle, passer quelque temps sous les drapeaux, prêts à y revenir en masse le jour où la patrie serait menacée.

(G. Compayré, *Éléments d'instruction morale et civique* [1].)

Questionnaire. — 1. Quelles sont les choses qu'on n'apprend bien qu'au régiment? — 2. Est-il nécessaire que le soldat reçoive une instruction particulière? — 3. A quoi faut-il donc se préparer de bon cœur dès l'école? — 4. Pourquoi la patrie a-t-elle besoin d'une armée? — 5. Sans elle, à quoi serait-on exposé? — 6. Quel est donc le devoir qui vous incombera à ce sujet et comment le remplirez-vous? — 7. Que devriez-vous faire plus tard, si la patrie était menacée?

---

2. — Au petit Français.

Tu seras soldat, mon enfant. Qu'est-ce qu'un soldat? C'est avant tout un homme robuste, capable de supporter vaillamment les privations, de résister aux fatigues de la vie militaire.

L'homme faible est épuisé au bout de quelques heures, l'homme fort garde son énergie jusqu'au bout. Si une blessure survient, celui qui résiste à une opération, ce n'est

1. Paul Delaplane, éditeur.

pas l'homme faible, c'est l'homme fort. Où l'un succombe, l'autre guérit.

Mais ce n'est pas assez d'être robuste. Il faut encore qu'un soldat ait bon pied, bon œil; qu'il soit agile, adroit de tous ses membres.

Pour te préparer à être ce bon soldat, robuste, adroit, tu n'as qu'à te livrer à tous les goûts de ton âge : fais de la gymnastique, saute des fossés, grimpe aux arbres, monte à cheval, nage, cours avec tes camarades. Apprends à

n'avoir pas peur de te fatiguer, à supporter sans te plaindre la faim et la soif. Endurcis-toi le corps. Tu auras déjà acquis d'avance, si tu fais cela, beaucoup des qualités du soldat.

(D'après Charles Bigot [1].)

Questionnaire. — 1. Qu'est avant tout le soldat? — 2. Faites la distinction de l'homme faible et de l'homme fort. — 3. Quelle qualité le soldat doit-il encore avoir? — 4. Pour te préparer à être ce bon soldat, qu'as-tu à faire?

MAXIMES.

Riche ou pauvre, chacun est soldat.

1. *Le Petit Français*. G. Delarue, éditeur.

Défendre son pays est le plus sacré des devoirs.
Deviens agile et fort, et tu seras un bon soldat.
Les meilleurs soldats sont les plus disciplinés.

RÉSUMÉ.

C'est un devoir [1] pour tout citoyen de défendre sa patrie et de se préparer à être un bon soldat.

Quand je serai au régiment, je m'appliquerai à l'exercice, je me soumettrai à la discipline et je travaillerai pour avancer en grade.

Si la France est attaquée, je combattrai vaillamment et je donnerai ma vie, s'il le faut, pour elle.

RÉCITATIONS.

1. — Les petits soldats.

Rantanplan ! les petits soldats
Sont déjà de beaux militaires :
Crânement ils marchent au pas,
Rantanplan ! comme leurs papas.
On dirait de vrais mousquetaires,
Sauf la moustache qu'ils n'ont pas,
Rantanplan ! les petits soldats.

Rantanplan ! les petits soldats
Deviendront l'orgueil de la France;
Dans la paix et dans les combats
L'honneur guidera tous leurs pas.
S'ils ont la mort pour récompense,
Mères et sœurs, n'oubliez pas,
Rantanplan ! les petits soldats.

(CORDELOIS.)

---

1. Pour les autres devoirs envers la patrie, voir INSTRUCTION CIVIQUE, pages 223 à 225.

2. — En avant!

Le tambour bat, le clairon sonne.
Qui reste en arrière? Personne!
C'est un peuple qui se défend.
En avant!

Allons, les gars au cœur robuste,
Avançons vite et visons juste!
La France est là qui nous attend.
En avant!

En avant! Tant pis pour qui tombe.
La mort n'est rien; vive la tombe,
Quand le pays en sort vivant!
En avant!

(Paul Déroulède, *Nouveaux Chants du soldat*[1].**)**

---

3. — Le soldat.

Qui fait le guet quand tout sommeille?
Quand tout est en péril, qui veille,
Qui souffre, qui meurt, qui combat?
Le soldat.

O rôle immense! O tâche sainte!
Marchant sans cris, tombant sans plainte,
Qui travaille à notre rachat?
Le soldat.

---

1. Calmann Lévy, éditeur.

Et sur sa tombe obscure et fière,
Pour récompense et pour prière,
Que voudrait-il que l'on gravât?
« Un soldat. »

(PAUL DÉROULÈDE, *Nouveaux Chants du soldat*[1].)

38e LEÇON. — Le patriotisme des femmes.

LECTURE.

1. — Une paysanne héroïque.

Pendant la guerre de 1870, une jeune paysanne[2] avait été laissée comme gardienne d'une ferme située aux environs de Metz.

1. CALMANN LÉVY, éditeur.
2. Suzanne Didier.

Un jour, la maison est envahie par une escouade de soldats bavarois. « Tu vas répondre à mes questions, lui dit l'officier. Il y a deux heures, un régiment français a passé par ici : de quel côté s'est-il dirigé? » La jeune fille pâlit· puis après quelques moments d'hésitation : « Je suis Française, répond-elle : ce n'est pas à moi de vous dire ce qui peut perdre les Français. — Nous saurons bien t'arracher ton secret, reprend l'Allemand furieux. Et se tournant vers sa troupe : Soldats! s'écrie-t-il, qu'on l'emmène dans la cour, et qu'on l'applique au mur. » L'ordre est exécuté, et six hommes se mettent en ligne,

prêts à faire feu au premier signal de leur chef. « Maintenant, dit celui-ci, tu vas parler. » La jeune fille se tait. — « Une seconde fois, je te l'ordonne, parle! » Elle se tait. — « Une troisième fois, parle! » Elle se tait. — « Soldats, feu! » Et l'héroïque paysanne tombe percée de balles.

(Jules Claretie.)

Questionnaire. — 1. Quand la jeune paysanne fut-elle laissée comme gardienne de la ferme? — 2. Par qui celle-ci fut-elle envahie? — 3. Que demanda l'officier à la paysanne et que lui répondit-elle? — 4. Que dit alors l'Allemand et quel ordre donna-t-il? — 5. Que se passa-t-il par trois fois? — 6. Quel fut le sort de l'héroïne et quel bel exemple a-t-elle laissé à tous et particulièrement aux femmes?

MAXIMES.

Les jeunes filles doivent inspirer à leurs frères et les femmes à leurs fils l'amour du pays et le respect de ses lois.

La femme n'a pas à porter les armes; mais, comme Française, elle ne peut se désintéresser de ce qui touche à la patrie.

Les femmes peuvent et doivent contribuer à la prospérité et à la défense de leur pays.

Françaises, soyez fières des belles pages que vous comptez dans l'histoire.

RÉSUMÉ [1].

Si je ne dois pas servir la patrie par les armes, je m'efforcerai du moins de contribuer à sa prospérité et à sa défense.

Je ferai preuve de patriotisme en ne négligeant pas de m'instruire, en étant honnête et laborieuse, en inspirant à mes frères des sentiments qui en feront de fermes soutiens de la patrie et en me dévouant moi-même, s'il le faut, à son salut.

RÉCITATION.

1. — Jeanne d'Arc.

Une enfant de douze ans, une toute jeune fille, n'écoutant que la voix de son cœur et celle du devoir, conçoit l'idée

1. Spécial aux filles.

ardie d'exécuter la chose que les hommes ne peuvent plus
aire, de sauver son pays. Elle couve son idée pendant six
ans sans la confier à personne, elle n'en dit rien même à
sa mère. Elle attend qu'elle ait dix-huit ans, et alors elle

accomplit son dessein, malgré les siens et malgré tout le
monde. Elle traverse la France ravagée et déserte, les routes infestées de brigands; elle s'impose à la cour de Charles VII, se jette dans la guerre; et dans les camps, qu'elle n'a jamais vus, dans les combats, rien ne l'étonne; elle plonge intrépide au milieu des épées; blessée toujours,

découragée jamais, elle rassure les vieux soldats, entraîne tout le peuple, qui devient soldat avec elle, et personne n'ose plus avoir peur de rien. Tout est sauvé!

(MICHELET, *Jeanne d'Arc*[1].)

FÉVRIER

VI. — DEVOIRS ENVERS LE CORPS

29e LEÇON. — Le corps et l'âme.

(RESPECT DE SOI-MÊME.)

LECTURE.

1. — L'âme et le corps.

Un des plus grands, des plus braves généraux dont parle l'histoire de France, Turenne, ne pouvait, malgré la longue expérience qu'il avait de la guerre, s'empêcher d'éprouver, au commencement d'une bataille, un peu de cette émotion qui trouble souvent nos jeunes conscrits et qu'on ne saurait leur reprocher que s'ils avaient la lâcheté d'y céder. Son corps était pris d'un léger tremblement, qui se dissipait par la force de la volonté, et ne l'empêchait pas de combiner avec sang-froid ses opéra-

1. HACHETTE ET Cie, éditeurs.

tions, et de prendre part à l'action avec courage. Surpris un jour par cette émotion toute physique, s'adressant à son corps : « Tu trembles, dit-il, carcasse! » Ainsi il se distinguait de ce corps, de cette carcasse. Qu'était donc ce *il*, qu'était ce *moi* d'un guerrier d'énergie et de bravoure? C'était l'âme qui résistait au corps, protestant contre ses défaillances, et lui parlait comme à un étranger, comme à un esclave qu'il fallait ramener à l'ordre et remettre à sa place.

(HENRI BAUDRILLART, *Manuel d'éducation morale et d'instruction civique*[1].)

Questionnaire. — 1. Quelle émotion éprouvait Turenne au commencement d'un combat? — 2. L'empêchait-elle de conserver son sang-froid? — 3. Que dit-il un jour à son corps qui tremblait? — 4. Que distinguait-il donc en lui? — 5. Quelle influence avait son âme sur son corps? — 6. N'y a-t-il pas dans l'homme un corps qui obéit et une âme qui commande?

MAXIMES.

Par sa nature, l'homme doit être au-dessus des autres êtres.

Conduisons-nous toujours de façon à conserver l'estime de nous-mêmes et des autres.

Respecte-toi, et l'on te respectera.

RÉSUMÉ.

L'homme est composé d'un corps et d'une âme. Le corps est la partie matérielle de l'homme; l'âme est le principe invisible qui commande au corps. C'est l'âme qui constitue la dignité humaine.

Tous les devoirs de l'homme envers lui-même se rapportent à son corps et à son âme. Ils se ramènent

---

1. Lecène, Oudin et Cie, éditeurs.

à un seul : se respecter et mériter le respect des autres.

RÉCITATIONS.

1. — A une petite fille.

Sachez qu'être belle, ma fille,
Ou riche, ce n'est rien encor;
Être sage, instruite et gentille,
Voilà quel est le vrai trésor.

(Louis Tournier.)

2. — Devoirs envers soi-même.

Celui qui a le sentiment de sa valeur, de sa dignité personnelle, qui sait qu'il n'est pas une chose méprisable, le montre par toute sa conduite.

Il ne se plaît pas dans la saleté, dans les ténèbres, dans la grossièreté. Il se tient proprement, il surveille son langage, il cultive son esprit, il repousse loin de lui les gros mots et les basses pensées.

Il a de bonnes manières, une tenue décente, un langage poli, non seulement parce qu'il respecte les autres, mais parce qu'il se respecte lui-même.

(D'après Jules Steeg [1].)

30e LEÇON. — La propreté.

LECTURE.

1. — Un enfant malpropre.

Maurice avait des qualités de cœur et d'intelligence; mais il se faisait grand tort par un défaut qui gâtait toutes ses qualités : il était malpropre.

1. *Instruction morale et civique*. Fernand Nathan, éditeur.

« Il faut, lui avait-on dit plus d'une fois, être propre, comme il faut être honnête. La propreté est une demi-vertu, dit un proverbe, c'est-à-dire presque une vertu. Et puis as-tu songé quelles peines tu imposes à ta mère pour réparer et nettoyer tes vêtements ; quel chagrin tu lui fais en répondant si mal au soin qu'elle prend chaque jour pour te tenir le visage et les mains propres, quelles inquiétudes tu lui causes par la crainte que ta malpropreté ne nuise à ta santé ?... »

C'est cet amour qui enfin le corrigea.

Un matin d'hiver, il se réveilla plus tôt qu'à l'ordinaire, et fut surpris de voir de la lumière dans la chambre. Il se frotta les yeux, se mit sur son séant, et, tout étonné : « Mère, dit-il, tu t'es levée ? tu ne dors plus ? — Non, mon enfant, pendant que tu dormais, j'ai lavé et repassé ta blouse ; maintenant, je la raccommode, ainsi que ton pantalon. Que dirait-on de moi, si tu étais retourné à l'école ce matin comme tu en es revenu hier au soir ? — Mère, tu as les yeux rouges, et tu as froid. Pardon, pardon... — Rendors-toi, mon enfant ; ne te rends pas malade. » Maurice, le cœur gros, se recoucha : mais il ne put dormir ; il se tournait, se retournait, il ouvrait les yeux, et il voyait toujours sa mère travailler. Il n'y tint pas, se leva, et se jetant à son cou : « Mère, lui dit-il, je serai soigneux, je serai propre, je te le promets ; je ne veux plus que tu travailles pour moi, la nuit. »

Il tint parole.

(D'après F.-L. MARCOU [1].)

1. *Les Lectures de l'école*, cours élémentaire. GARNIER FRÈRES, éditeurs.

Questionnaire. — 1. Qu'est-ce qui gâtait les qualités du jeune Maurice? — 2. Que lui avait-on dit plus d'une fois? — 3. Quelle est surtout la raison qui le corrigea? — 4. Que faisait sa mère, un matin d'hiver? — 5. Que lui dit l'enfant et que répondit celle-ci? — 6. Pourquoi Maurice ne pouvait-il pas se rendormir? — 7. A quoi continuait de s'occuper son excellente mère? — 8. Que fit Maurice, n'y tenant plus, et quelle fut sa promesse? — 9. La tint-il? — 10. Pourquoi doit-on être propre?

MAXIMES.

Propreté donne vigueur et santé.

Qui se respecte se tient propre.

Voulez-vous qu'au premier coup d'œil, on dise du bien de vous? soyez propres et décents. Les plus pauvres peuvent toujours l'être.

RÉSUMÉ.

Le premier devoir envers le corps est la propreté, qui entretient la santé. La malpropreté est dégoûtante et très souvent elle aggrave ou engendre des maladies.

Je serai donc très propre. Je me laverai chaque jour le visage et les mains; je prendrai soin de mes vêtements, de mes cahiers et de mes livres, et je tiendrai mes cheveux toujours courts et peignés.

RÉCITATIONS.

1. — L'enfant malpropre.

Paul, enfant très malpropre et qui se croyait beau,
Prit une fleur dans un ruisseau
Quelqu'un lui dit, comme il faisait la moue :
« Qu'as-tu donc? — Elle sent la boue!
— C'est que, vois-tu, sans propreté,
Plus de fraîcheur, ni de beauté. »

(L. Trautner.)

2. — Une petite fille à sa poupée.

Encore au lit, mademoiselle?
Entendez-vous chanter les oiseaux du jardin?
On ne dort pas le jour, ma belle :
Debout! il faut aller en classe ce matin.
Venez que je vous débarbouille

Le visage et le cou, sans oublier vos mains,
Noires de l'encre qui les souille.
A présent, nous allons ranger vos cheveux fins
Sous votre bonnet à dentelles,
En deux jolis bandeaux : ah! que ces blonds lutins
Sont donc sauvages et rebelles!
Bien! les voilà peignés. Surtout, par les chemins,
Ne pataugez pas dans la boue;
Et puis soyez polie : il faut dire bonjour,
Et ne jamais faire la moue.
C'est l'heure. Adieu, Jeannette! Un baiser, mon amour!
Encore un gros sur l'autre joue!
Soyez sage : on aura du dessert au retour.

(Frédéric Bataille, *les Fables de l'école et de la jeunesse*[1].)

1. Paul Dupont, éditeur.

3. — La propreté.

Il faut être propre par respect pour soi-même et par respect pour les autres. Si nous voulons être des gens bien élevés, de bonne compagnie, il est nécessaire que notre personne soit décente, agreable à voir, que notre corps soit propre, nos vêtements brossés et nettoyés. Nous avons beau n'être pas riches et porter d'humbles habits, nous n'en sommes pas moins dignes de respect, puisque nous nous respectons nous-mêmes, et nous pouvons nous montrer aux regards de tous sans embarras et sans honte.

Ainsi il faut être propre par décence et par respect de nous-mêmes. Mais ce n'est pas tout, il faut être propre pour se bien porter.

(Élie Pécaut, *Cours d'hygiène* [1].)

31e LEÇON. — La gymnastique.

LECTURE.

1. — Il faut avoir bon pied, bon œil.

Gaspard était un enfant intelligent et studieux ; en classe, il était le modèle des écoliers ; mais, à la récréation, le maître n'était pas content de lui : il ne prenait part à aucun jeu. Il manquait même à son devoir par l'inatten-

1. Hachette et Cie, éditeurs.

tion et la mollesse qu'il apportait dans les exercices gymnastiques, qui sont une partie de l'éducation scolaire. Aussi était-il gauche et maladroit.

Il apprit, un jour, à ses dépens, qu'il est bon de savoir se remuer et sauter.

Une promenade dans un bois voisin de l'école avait, par un beau jour de mai, mis en mouvement et en gaieté tous les enfants. Tous, sous l'œil du maître, y prenaient leurs ébats. On arriva près d'un petit ruisseau assez large, qu'il fallait franchir pour atteindre la maison du garde, où des fruits et du lait les attendaient. Ce fut à qui sauterait le mieux et le plus loin. On applaudissait aux plus agiles et aux plus vigoureux; il y eut bien quelques bonds désordonnés, quelques chutes sur les genoux ou les mains : le maladroit se relevait en riant, et on riait avec lui. Bref, tout le monde eut bientôt, avec le maître, franchi le ruisseau.

Seul Gaspard, tout penaud, resta sur l'autre bord; il n'osa ni ne put sauter, à son tour. Il fallait mesurer de l'œil la largeur du ruisseau, calculer son élan, et donner un bon coup de jarret, toutes choses inconnues et impossibles au pauvre garçon.

« Gaspard, te voilà obligé de renoncer au goûter, dit le maître; nous te reprendrons au retour. Ta mésaventure t'apprendra qu'il n'est pas inutile d'*avoir bon pied, bon œil.* »

Ce fut une leçon pour Gaspard. Depuis ce jour, il changea complètement. Il voulut apprendre la gymnastique, et il devint agile, adroit et fort. Rien ne lui manqua plus pour être en tout et partout le modèle des écoliers.

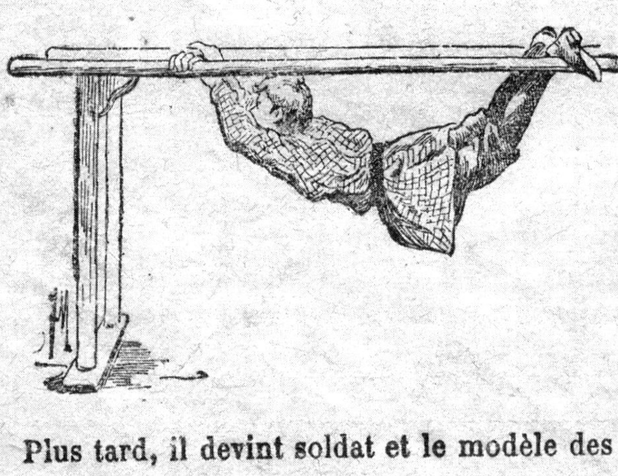

Plus tard, il devint soldat et le modèle des soldats. Il est mort capitaine, tué glorieusement pour la patrie à l'assaut d'une redoute en enlevant ses hommes par son élan et son énergie.

(D'après F.-L. MARCOU [1].)

Questionnaire. — 1. Qu'était Gaspard en classe? — 2. Pourquoi, en récréation, le maître n'était-il pas content de lui? — 3. Comment apprit-il un jour qu'il est bon de savoir se remuer et sauter? — 4. A quels ébats se livraient les élèves dans le bois et quelle gaieté accompagnait le passage d'un petit ruisseau? — 5. Quel fut le seul qui resta sur l'autre bord et pourquoi? — 6. Que lui dit le maître, en guise de leçon? — 7. Quel changement s'opéra alors chez Gaspard et que devint-il à l'école et plus tard au régiment? — 8. Comment se distingua-t-il en mourant? — 9. Quels sont les avantages de la gymnastiqu

MAXIMES.

La gymnastique entretient la santé et augmente la force et l'adresse.

L'exercice fortifie les organes, au lieu de les user.

Tu seras un bon soldat, si tu as un corps robuste.

RÉSUMÉ.

Après la propreté, rien ne contribue à entretenir la santé comme les exercices du corps : jeux et gymnastique.

Ces exercices nous rendent plus vigoureux et plus adroits. Ils nous donnent confiance en nous-mêmes et nous permettent ainsi de nous tirer du danger ou d'en tirer nos semblables dans les situations difficiles.

Je ne négligerai donc pas les exercices gymnastiques.

1. *Les Lectures de l'école*, cours élémentaire. GARNIER FRÈRES, éditeurs.

RÉCITATION.

1. — L'exercice.

L'arme au bras! et serrons les rangs!
Sous notre corps d'enfant se cache
L'âme d'un soldat, qu'on le sache;
Petits fusils deviendront grands.

L'arme au bras! serviteurs futurs
De la France, mère immortelle.
Dès maintenant formons pour elle
Des bras vaillants et des cœurs purs.

La force manque à notre main,
Mais la vigueur vient avec l'âge.
Aujourd'hui n'est que le présage
Et la promesse de demain.

(Paul Collin.)

32e LEÇON. — Sobriété et tempérance.

LECTURE.

1. — Sobriété.

Franklin, un des plus illustres citoyens de la grande république américaine, avait commencé par être ouvrier imprimeur. Sa sobriété était extrême. Il nous raconte lui-même comment il vivait à Londres dans l'imprimerie où il travaillait : « Je ne buvais que de l'eau ; les autres ouvriers, au nombre d'environ cinquante, étaient de grands buveurs de bière. Je portais, par occasion, un fort casier de chaque main, en montant et en descendant les escaliers, tandis que les autres employaient les deux mains pour en porter un seul. Ils étaient surpris de voir, par cet exemple et par quelques autres, que l'Américain *aquatique*, ainsi qu'ils avaient coutume de m'appeler, était plus vigoureux que ceux qui buvaient de la bière. Le garçon brasseur était suffisamment occupé pendant la journée entière à servir notre maison. Mon compagnon buvait, chaque jour, une pinte de bière avant son déjeuner; une pinte, avec du pain et du fromage, pour son déjeuner; une entre le déjeuner et le dîner, une à dîner, une autre vers six heures du soir, et une après son travail. Cette habitude me paraissait détestable; mais il avait besoin, disait-il, de tout ce breuvage, afin d'acquérir la force de travailler. »

Beaucoup de ces buveurs de bière qui travaillaient avec Franklin moururent jeunes. Quant à lui, au contraire, sa sobriété le fortifia. Il mourut à l'âge de quatre-vingts ans, presque sans infirmités.

(A. Mézières, *Éducation morale et Instruction civique*[1].)

Questionnaire. — 1. Que raconte Franklin au sujet de sa sobriété? — 2. Quel avantage celle-ci lui procurait-elle sur les autres ouvriers? — 3. Dites ce qu'absorbait son compagnon. — 4. Comment celui-ci expliquait-il son intempérance? — 5. Quel fut le sort des ouvriers buveurs? — 6. Quel bienfait, au contraire, Franklin retira-t-il de ses habitudes de sobriété et de tempérance? — 7. Que conclure de là?

MAXIMES.

Le gourmand creuse sa fosse avec ses dents.

Il faut manger pour vivre et non pas vivre pour manger.

RÉSUMÉ.

Rien n'est plus dangereux pour la santé que les excès dans le boire et le manger.

Le gourmand qui met son plaisir à manger de bonnes choses s'expose à des maladies souvent graves et perd sa dignité.

Je m'abstiendrai surtout, étant jeune, de l'abus des

1. Un volume in-12, cartonné, 1 fr. 25. Charles Delagrave, éditeur.

sucreries, très nuisible à la santé. Je ne mangerai ni ne boirai jamais au delà de mes besoins.

RÉCITATIONS.

1. — La souricière.

L'ENFANT.

Pourquoi dans ce vilain logis,
Que tu destines aux souris,
Mets-tu de la blanche farine?
Ce n'est pas la peine, vraiment,
De les régaler, j'imagine.

LA MÈRE.

Mon enfant, la souris est fine,
Mais très gourmande, heureusement;
Pour qu'elle risque une sottise,
Pour l'attirer jusqu'aux anneaux,
Je compte sur la gourmandise :
On n'est pris que par ses défauts.

(Mme SOPHIE HUE, *les Maternelles.*)

2. — Le chien gourmand.

Médor était gourmand, paresseux et fripon,
Ce sont là trois défauts qui ne forment qu'un vice.
Un jour, voyant la porte ouverte de l'office,
En hâte il y saisit un reste de jambon
Dont l'os lui paraît encore bon.

Dans sa gloutonnerie,
Il veut d'un seul effort le broyer tout entier;
Mais cet os, mal tourné, lui demeure au gosier,
L'étrangle et lui ravit la vie.
Un vieux proverbe dit que *toujours les gourmands*
Creusent leur fosse avec leurs dents.

(FRÉDÉRIC BATAILLE, *les Fables de l'école et de la jeunesse*[1].)

33e LEÇON. — Dangers de l'ivresse.

LECTURE.

1. — Histoire d'un buveur.

Il y avait dans la ville de Bonal une femme qui élevait ses enfants mieux que toutes les autres. Elle s'appelait Gertrude et son mari Léonard. Celui-ci était maçon et gagnait quelque argent.

Mais le défaut de Léonard était d'aimer trop la boisson : il se laissait facilement entraîner au cabaret et il y agissait parfois comme un insensé.

Presque chaque soir, il allait boire et jouer avec quelques autres ouvriers, et dépensait l'argent qu'il avait gagné.

Le lendemain, il se repentait amèrement, et son cœur saignait quand il voyait Gertrude et ses enfants manquer de pain. Il jurait alors de ne plus recommencer; mais c'était, hélas! serment d'ivrogne. Quelques jours après, il s'enivrait de plus belle.

Enfin, un soir, comme il s'était enivré plus que de coutume, et qu'il avait causé du scandale sur la place par ses cris et par ses gestes, il dut comparaître devant le tribunal correctionnel, et fut puni d'une amende de 100 francs, ainsi que d'un emprisonnement de 10 jours.

Le peu d'argent qui restait à Gertrude fut employé à payer l'amende infligée à son mari, et, pendant que Léonard était en prison, sa famille fut réduite à faire appel à la charité publique.

1. PAUL DUPONT, éditeur.

Sorti de prison, Léonard regretta sa conduite et se remit au travail. L'aisance et la joie revinrent dans le pauvre ménage. Mais ce bonheur ne devait pas durer longtemps.

Un soir que Léonard venait de toucher sa paye, il rencontra par malheur un de ses anciens camarades de cabaret qui réussit à l'entraîner. Léonard se promit bien de ne boire qu'autant qu'il voudrait; mais une fois attablé à l'auberge, il perdit vite conscience de ses actes. Il but, il but encore. Cette fois son ivresse fut terrible et furieuse. Comme un de ses voisins de table l'agaçait par ses propos, Léonard se jeta sur lui, un couteau à la main, et, dans son délire, le tua.

Quelques mois plus tard, le meurtrier comparaissait devant la cour d'assises, qui le condamnait à vingt ans de travaux forcés.

(D'après G. COMPAYRÉ [1].)

Questionnaire. — 1. Qu'étaient Gertrude et Léonard? — 2. Quel était le triste défaut de Léonard et à quoi le conduisait-il ? — 3. Quel serment faisait Léonard quand, revenu à lui, il voyait Gertrude et ses enfants manquer de pain ? — 4. Ce serment était-il tenu ? — 5. Que lui arriva-t-il pour s'être enivré, un soir, plus que de coutume ? — 6. A quoi servit le peu d'argent qui restait à Gertrude et à quoi fut réduite sa malheureuse famille ? — 7. Quel changement se produisit dans le ménage, lorsque Léonard sortit de prison ? — 8. Ce bonheur dura-t-il ? — 9. Quel terrible crime commit Léonard au cabaret, un soir qu'il s'était mis dans un état d'ivresse furieuse ? — 10. A

1. *Éléments d'instruction morale et civique*, PAUL DELAPLANE, éditeur

quelle peine le meurtrier fut-il condamné ? — 11. Que pensez-vous donc des ivrognes et de leur détestable vice?

MAXIMES.

Ne buvez jamais sans soif.

Si vous voulez fuir l'ivrognerie, regardez un ivrogne.

« Tuer le ver », c'est se tuer soi-même.

L'alcool fait plus de victimes que la peste et le choléra.

Fumer, c'est s'empoisonner lentement.

RÉSUMÉ.

L'ivrognerie est un vice honteux et déshonorant, qui fait perdre la santé et l'intelligence, et peut conduire à la folie et au crime.

Je ne me laisserai donc pas aller à prendre des liqueurs fortes, et je m'efforcerai de résister aux mauvais entraînements de l'exemple.

Je ne prendrai pas non plus la mauvaise habitude de fumer, parce que le tabac est un véritable poison et que les fumeurs deviennent en général des buveurs.

RÉCITATIONS.

1. — L'ivresse.

Le démon se présenta un jour à un homme sous la forme la plus effrayante et lui dit :

« Tu vas mourir ; cependant je puis te faire grâce, à l'une des trois conditions suivantes : Tue ton père, frappe ta sœur ou bois du vin.

— Que faire? pensa cet homme. Donner la mort à qui

m'a donné le jour? c'est impossible. Maltraiter ma sœur? c'est affreux. Je boirai du vin. »

Et il but du vin; mais, s'étant enivré, il maltraita sa sœur et tua son père.

(*Légende arabe.*)

2. — L'ivrogne.

Il n'y a pas de plus hideux spectacle que celui de l'ivrogne. Il engloutit la boisson jusqu'à ce qu'il perde la tête. Ses paroles sont celles d'un fou; il chante des chansons malhonnêtes; il injurie et il frappe ceux qui l'entourent. Sa démarche est chancelante; il n'y voit plus; il se heurte aux murs; sa volonté ne guide plus ses pas. Bientôt il

roulera dans la boue, se relèvera pour retomber encore, et restera gisant dans quelque ruisseau, à demi mort, plus semblable à une brute qu'à un homme.

(JULES STEEG, *Instruction morale et civique* [1].)

3. — Le serment de Charles XII.

Charles XII, qui fut roi de Suède, avait un jour, dans l'ivresse, perdu le respect qu'il devait à la reine son aïeule; elle se retira, pénétrée de douleur, dans son appartement. Le lendemain, comme elle ne paraissait pas, le roi en demanda la cause, car il avait tout oublié. On la lui dit. Il alla trouver la princesse : « Madame, lui dit-il, je viens d'apprendre qu'hier je me suis oublié à votre égard; je viens vous en demander pardon, et, afin de ne plus tomber

1. FERNAND NATHAN, éditeur

dans cette faute, je vous déclare que j'ai bu hier du vin pour la dernière fois de ma vie. » Il tint parole. Depuis ce jour-là, il ne but que de l'eau et fut d'une sobriété qui ne contribua pas moins que l'exercice à rendre son tempérament fort et robuste.

(VOLTAIRE, *Histoire de Charles XII.*)

MARS

VII. — DEVOIRS RELATIFS AUX BIENS EXTERIEURS

34e LEÇON. — Le travail.

LECTURE.

1. — Les sortilèges.

Un esclave qui s'était tiré de servitude, ayant acheté un petit champ, le cultiva avec tant de soin qu'il devint le plus fertile de tout le pays. Un tel succès lui attira la jalousie de tous ses voisins, qui l'accusèrent d'user de magie et d'employer des sortilèges pour procurer à son petit champ une si étonnante fertilité et pour rendre leurs terres stériles. Il fut appelé en jugement devant le peuple romain. On sait que l'assemblée du peuple se tenait sur la place publique. Il amena avec lui sa fille, qui était une grosse paysanne très laborieuse, bien nourrie et bien vêtue. Il fit apporter tous ses instruments de labour, qui étaient en fort bon état: des hoyaux très pesants, une charrue bien équipee et bien entretenue; il fit aussi venir ses bœufs, qui étaient gros et gras. Puis, se tournant vers ses juges : « Voilà, dit-il, mes ortilèges et la magie que j'emploie pour rendre mon champ

fertile. Je ne puis pas, continua-t-il, vous produire ici mes sueurs, mes veillées, mes travaux de jour et de nuit. » Les suffrages ne furent point partagés, et il fut absous d'une commune voix.

(ROLLIN, d'après PLINE.)

Questionnaire. — 1. Que fit l'ancien esclave pour que son champ devînt fertile? — 2. De quoi fut-il accusé? — 3. Qui amena-t-il et que fit-il apporter devant l'assemblée du peuple, pour expliquer son succès? — 4. Dans quel état étaient ses instruments, ses bœufs, etc.? — 5. Quelles preuves regrettait-il de ne pouvoir produire? — 6. Quel était donc le secret de sa prospérité?

MAXIMES.

Il n'est si bon pain que celui qu'on a gagné
Le travail rend heureux et mène à l'aisance; la paresse conduit au vice et à la misère.
Celui qui ne fait rien est bien près de mal faire.
L'oisiveté est la mère de tous les vices.

RÉSUMÉ.

J'aime le travail et je travaillerai, d'abord parce que c'est le seul moyen de subvenir à mes besoins et que rien ne vient sans peine, ensuite parce que le travail entretient la santé, chasse l'ennui et éloigne les mauvaises pensées.

Je n'oublierai pas que le travail de tête est aussi nécessaire et souvent plus pénible que le travail des bras, et j'estimerai tous les travailleurs.

RÉCITATIONS.

1. — Chanson de l'atelier.

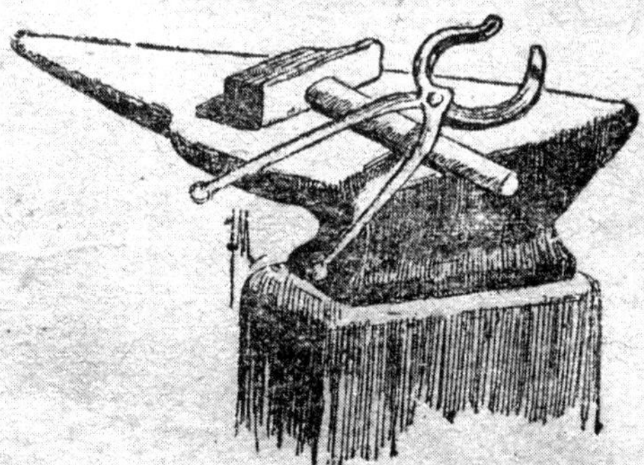

Un jour, Jupiter de ses mains,
Donna le travail aux humains :
« C'est là, leur dit-il, un trésor
Mille fois plus noble que l'or. »
A l'œuvre, amis, et sans relâche!
Et puis chantons pour alléger la tâche!

Sans la peine, point de plaisirs;
Le sort mesura nos loisirs;
Mais ceux qui travaillent longtemps
Entre tous sont fiers et contents.
A l'œuvre, amis, et sans relâche!
Et puis chantons pour alléger la tâche!

En famille, au repas du soir,
La joie avec nous vient s'asseoir;
Une voix dit au travailleur :
« Le pain qu'on gagne est le meilleur. »
A l'œuvre, amis, et sans relâche!
Et puis chantons pour alléger la tâche!

(Émile Deschamps.)

2. — L'aiguille.

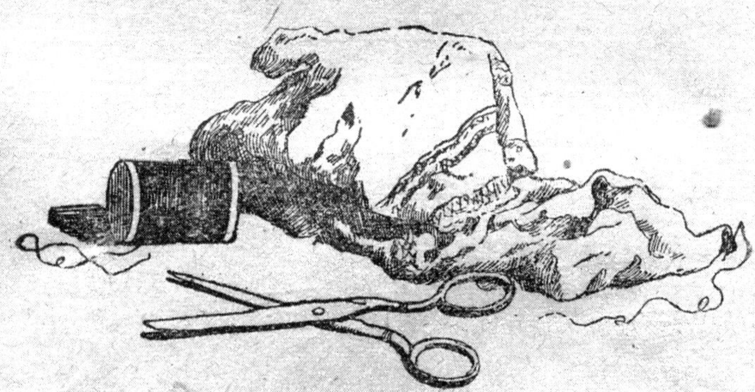

Je suis la petite aiguille.
Aux doigts de la jeune fille
Et des mères de famille,
Je vais, je viens, je sautille,
Pour que le monde s'habille
Selon l'âge et les saisons...
Nous cousons, nous cousons.

Les langes et les layettes,
Les mignonnes chemisettes,
Les coiffes et les cornettes,
Nous les faisons très bien faites
Pour les petites fillettes
Et les tout petits garçons...
Nous cousons, nous cousons.

Dans la toile, dans la laine,
Dans la robe de futaine,
Dans le manteau de la reine,

Avec mon fil que j'entraîne,
Nuit et jour je me promène,
Et, dans toutes les maisons,
Nous cousons, nous cousons.

(JEAN AICARD, *le Livre des petits* [1].)

3. — Le laboureur et ses enfants.

Travaillez, prenez de la peine :
C'est le fonds qui manque le moins.
Un riche laboureur, sentant sa mort prochaine,
Fit venir ses enfants, leur parla sans témoins.
« Gardez-vous, leur dit-il, de vendre l'héritage
Que nous ont laissé nos parents :
Un trésor est caché dedans.
Je ne sais pas l'endroit, mais un peu de courage
Vous le fera trouver : vous en viendrez à bout.
Remuez votre champ dès qu'on aura fait l'oût;
Creusez, fouillez, bêchez; ne laissez nulle place
Où la main ne passe et repasse.
Le père mort, les fils vous retournent le champ,
Deçà, delà, partout; si bien qu'au bout de l'an
Il en rapporta davantage.
D'argent, point de caché; mais le père fut sage
De leur montrer, avant sa mort,
Que le travail est un trésor.

(LA FONTAINE, *Fables.*)

4. — Souvenir d'enfance

Un après-midi, que j'errais *désœuvré* par la cour, j'aperçus au fond de la niche à chiens quatre nouveaux-nés qui, en l'absence de leur mère, s'étaient blottis en boule dans la paille. Une perverse animosité me poussa à m'emparer des

1. Un volume in-12, cartonné, 1 fr. 25. CHARLES DELAGRAVE, éditeur.

petits chiens et à les porter, « pour voir », dans le bassin du jardin; mais quand je les vis nager misérablement au milieu de l'eau verdâtre, j'eus la conscience de ma scélératesse; ma sensibilité s'éveilla, et je voulus repêcher les

naufragés; malheureusement, ils se tenaient trop loin du bord, et le bassin me paraissait grand comme un lac; je m'enfuis plein de terreur, en songeant en mon âme de quatre ans que bien certainement l'enfer était destiné à punir de pareils méfaits.

(André Theuriet.)

35e LEÇON. — L'ordre.

LECTURES.

1. — Le nid de chenilles.

Un cultivateur, visitant son verger, aperçut un nid de chenilles sur un jeune pommier qui commençait à se couvrir de feuilles. De retour à la maison, il ordonna à son fils Guillaume de prendre une échelle et d'aller couper la branche où s'étaient établis ces hôtes malfaisants : « C'est un arbre que j'ai planté le jour de ta naissance, ajouta-t-il; c'est donc à toi d'en prendre soin. »

Au lieu d'obéir sur l'heure, Guillaume continua une

partie de billes qu'il avait commencée avec des enfants du voisinage. « Demain, se dit-il, il sera bien temps d'écheniller mon petit pommier. »

Le lendemain, il allait se mettre à l'œuvre, lorsque ses camarades vinrent le chercher pour assister dans la plaine à l'enlèvement d'un cerf-volant. Il ne résista pas à leur joyeuse proposition: « Bah! pensa-t-il, mon pommier peut bien attendre vingt-quatre heures. »

La semaine se passa ainsi. Guillaume trouvait chaque jour un nouveau prétexte pour retarder le travail dont son père l'avait chargé.

Lorsque enfin il se rendit au verger avec son échelle, quelles ne furent pas sa surprise et sa douleur! les chenilles avaient envahi toutes les branches du jeune pommier; l'arbre n'avait plus une feuille, et tout espoir de récolte était anéanti.

(GRIMM.)

Questionnaire. — 1. Qu'aperçut un cultivateur en visitant son verger? — 2. Qu'ordonna-t-il à son fils Guillaume, en rentrant à la maison, et qu'ajouta-t-il? — 3. Que fit Guillaume, au lieu d'obéir sur l'heure? — 4. Par quoi fut-il retenu le lendemain et pendant toute la semaine? — 5. Quelles furent sa surprise et sa douleur lorsque enfin il se rendit au verger? — 6. L'arbre put-il être conservé? — 7. Quels sont les suites ordinaires de la négligence et les avantages de l'ordre?

---

2. — Le soin.

Le soin, c'est plus qu'une qualité, c'est presque une vertu. Avec lui rien ne se perd. Celui qui a du soin conserve tout, il n'est jamais tout à fait pauvre. Le soin fait des miracles, car de peu, car de presque rien il fait assez; tandis que le manque de soin, qui de beaucoup trouve le moyen de ne rien faire, opère tous les jours sous nos yeux le miracle contraire.

Il n'est pas que les habits que le manque de soin puisse user beaucoup trop vite : votre petite cervelle, faute d'ordre, a déjà gaspillé bien des choses; croyez bien qu'elle ne serait pas si vide si l'ordre y régnait, si vous aviez su conserver avec soin les richesses qu'on y a fait entrer depuis que vous êtes en état de penser, et que le désordre en a chassées par votre faute.

La confusion, le manque d'ordre, équivalent au vide absolu. Avoir son épingle à chercher dans une botte de foin, n est-ce pas comme si l'on n'avait pas d'épingle?

Avec le soin on a tout sous la main; l'esprit retrouve tout de suite la chose précise dont il a besoin; où manque le soin, on ne trouve jamais que la chose dont on n'a que faire.

(P.-J. Stahl, *Morale familière*[1].)

Questionnaire. — 1. Que peut-on dire du soin? — 2. Quels avantages procure-t-il? — 3. Quels sont les inconvénients du manque de soin? — 4. Faut-il avoir seulement de l'ordre pour la conservation des habits? — 5. Que produit l'ordre dans les études? — 6. A quoi équivalent la confusion, le manque d'ordre? — 7. Qu'est-ce que *chercher une aiguille dans une botte de foin?* — 8. Quels sont les bons effets de l'ordre et les fâcheux résultats du désordre?

MAXIMES.

Il ne faut pas renvoyer au lendemain ce qu'on peut faire le jour même.

Une place pour chaque chose et chaque chose à sa place.

1. J. Hetzel et Cie, éditeurs.

RÉSUMÉ.

Je veux être soigneux et rangé, parce que l'ordre conserve les choses, évite les recherches et embellit tout.

Je mettrai toujours à leur place mes livres, mes cahiers et tous les objets dont je me servirai; je prendrai soin de mes vêtements; j'aurai de l'ordre dans mes occupations et me garderai toujours de toute négligence.

RÉCITATIONS.

1. — Demain.

— Demain, demain, je serai sage,
Bonne mère, je le promets.
— Enfant, je comprends ton langage :
Demain, tu veux dire jamais.

Ainsi ne dis pas à ta mère :
« Demain, je serai sage, » enfant;
Mais dis-lui d'une voix sincère :
« Je veux l'être dès à présent. »

(Louis Tournier.)

2. — Le fermier négligent.

Le poulailler de maître Jean
N'avait qu'un vieux loquet pour toute fermeture.
« J'y ferai mettre une serrure,
Se dit le paysan;
Ce loquet branle : si les fouines
Venaient à passer par ici,
C'en serait fait de mes gelines.
Mais Jean le sans-souci
Remet au lendemain ce qui le trouble ainsi.

Or, pendant que la nuit s'écoule,
Le renard ouvre l'huis et pille le fermier.

***C'est** trop tard de fermer à clef le poulailler*
Quand le renard a pris la poule

(FRÉDÉRIC BATAILLE, *les Fables de l'école et de la jeunesse*[1].)

36e LEÇON. — L'économie et l'épargne.

LECTURE.

1. — Comment je devins économe.

J'avais pour compagnons de travail des compatriotes qui ne pensaient qu'à s'amuser. Un jour, je me laissai entraîner par eux au cabaret; je ne voulais pas d'abord y entrer; mais ils me demandèrent si je croyais qu'une dépense de deux sous allait me ruiner, et se moquèrent si bien de ma lésinerie, qu'à la fin je les suivis.

Lorsque je fus rentré à l'atelier, je me rappelai ce qu'on m'avait dit sur les deux sous, et je me demandai combien deux sous dépensés chaque jour feraient au bout de l'année. Je n'eus pas de peine à calculer que cela ferait trente-six

1. PAUL DUPONT, éditeur.

francs et dix sous. Avec trente-six francs, je compris tout de suite qu'on pourrait acheter bien des choses utiles, et que, si je m'appliquais à les faire valoir, je pouvais en tirer des profits de plus en plus considérables. En creusant cette idée, je vis que, si je la prenais pour règle de ma conduite, et si je l'appliquais à toutes mes dépenses en général, cela pourrait aisément me conduire à améliorer ma position, peut-être même à faire ma fortune. Dès ce jour, ma résolution fut prise; j'ai eu le bonheur d'y rester fidèle.

(Claude Augé, *Grammaire du certificat d'études*[1].)

Questionnaire. — 1. Que faisaient mes compagnons de travail? — 2. Qu'arriva-t-il un jour? — 3. Comment vinrent-ils à bout de ma résistance? — 4. Que fis-je en rentrant à l'atelier? — 5. Quelles réflexions me suggéra mon calcul appliqué aux deux sous du café ou à toutes les dépenses en général? — 6. A quoi peut donc conduire l'économie et quelles peuvent être les conséquences de la prodigalité?

MAXIMES.

Dépensez toujours un peu moins que vous ne gagnez.

Si le travail est la main droite de la fortune, l'économie est sa main gauche.

La prévoyance assure le bien-être des vieux jours.

RÉSUMÉ.

Être économe et prévoyant, c'est ne dépenser que ce qui est absolument nécessaire et réserver toujours quelque chose pour l'avenir.

Je veux prendre de bonne heure l'habitude de l'économie et de l'épargne, afin que ma vieillesse ne soit pas troublée par la misère et les privations.

1. Hollier-Larousse et Cie, éditeurs.

Je ne dépenserai pas inutilement les menues sommes qu'on me donne, j'acquerrai un livret de la Caisse d'épargne et plus tard je ferai partie d'une société de prévoyance.

RÉCITATIONS.

1. — La cigale et la fourmi.

La cigale, ayant chanté
Tout l'été,
Se trouva fort dépourvue
Quand la bise fut venue :
Pas un seul petit morceau
De mouche ou de vermisseau.
Elle alla crier famine
Chez la fourmi, sa voisine,
La priant de lui prêter
Quelques grains, pour subsister
Jusqu'à la saison nouvelle.
« Je vous paîrai, lui dit-elle,
Avant l'oût, foi d'animal,
Intérêt et principal. »
La fourmi n'est pas prêteuse :
C'est là son moindre défaut.
« Que faisiez-vous au temps chaud?
Dit-elle à cette emprunteuse.
— Nuit et jour, à tout venant,
Je chantais, ne vous déplaise.
— Vous chantiez? J'en suis fort aise;
Eh bien! dansez maintenant. »

(La Fontaine, *Fables.*)

---

2. — Les deux bougies.

Un fils disait à son père, qui était devenu fort riche : « Comment, mon père, avez-vous fait pour acquérir une si grande fortune? Pour moi, j'ai peine à atteindre le bout de l'année avec tous les revenus du bien que vous m'avez donné en mariage. — Rien n'est plus facile, lui répondit le père en éteignant une des deux bougies qui les éclairaient, c'est de se contenter du nécessaire, et de ne brûler qu'une bougie quand on n'a pas besoin d'en brûler deux. »

(TH. H. BARRAU, *Livre de morale pratique*[1].)

37e LEÇON. — L'avarice et la prodigalité.

LECTURE.

1. — La danse des écus.

Un homme fort riche et fort avare avait acheté un singe, espérant sans doute trouver en lui un gardien de son trésor.

Un jour, il fut obligé de s'absenter et laissa l'animal seul à la maison. Celui-ci, s'étant installé à la fenêtre, vit un voisin qui, du haut de son balcon, jetait un sou à un pauvre passant. Aussitôt, cédant à ses instincts d'imitation, il courut à la caisse de son maître, y prit une poignée de pièces d'or et d'argent, et se mit à son tour à les lancer dans la rue.

Tous les mendiants du quartier accoururent pour profiter de cette libéralité inattendue, et ils remplirent leurs poches à qui mieux mieux. Au même instant, l'avare revenait chez lui. En

1. HACHETTE ET Cie, éditeurs.

voyant ce qui se passait, il devint rouge de colère, et, montrant les deux poings à son singe : « Ah! maudite bête! s'écria-t-il, il va t'en cuire. » Puis, s'arrachant les cheveux de désespoir : « Mes écus, mes pauvres écus! » murmurait-il. Et il s'élança vers son logis.

« Calmez-vous, mon ami, lui dit alors son voisin. Sans doute, c'est une folie de jeter l'argent par les fenêtres, comme le fait votre singe; mais il n'y a guère plus de sagesse à l'entasser dans un coffre, comme vous faites, sans profit pour vous-même et pour les autres. Pourquoi tant pleurer sur ces écus, auxquels vous ne touchiez jamais? Mettez une pierre à la place : elle vous servira tout autant. »

(SCHMID.)

Questionnaire. — 1. Que s'était procuré un homme riche, très avare, pour avoir un gardien de son trésor? — 2. Que vit et que fit le singe, un jour que son maître s'était absenté? — 3. A qui profita cette bonne aubaine? — 4. Quelles furent l'émotion et la colère de l'avare, qui revenait au même instant chez lui? — 5. Que murmurait-il en s'arrachant les cheveux de désespoir? — 6. Que lui dit son voisin, pour le calmer, et quel conseil lui donne-t-il? — 7. Les paroles du voisin ne prouvent-elles pas la sottise de l'avarice?

MAXIMES.

L'avare n'a pas d'amis, il n'aime que son or.

La prodigalité mène à la misère et à la ruine.

Qui prodigue l'argent pour ses caprices se trouvera à court pour ses besoins.

RÉSUMÉ.

L'avarice consiste à entasser l'argent pour le seul plaisir de le contempler. La prodigalité consiste à dépenser tout ce qu'on a, sans nécessité. L'avare se prive de tout, le prodigue ne se refuse rien.

Je ne serai ni avare ni prodigue; car le premier défaut me conduirait **à l'égoïsme et le second à la misère** et à la ruine.

Je serai sagement économe.

RÉCITATION.

1. — La poule aux œufs d'or.

L'avarice perd tout en voulant tout gagner.
Je ne veux, pour le témoigner,
Que celui dont la poule, à ce que dit la fable,
Pondait tous les jours un œuf d'or.
Il crut que dans son corps elle avait un trésor.
Il la tua, l'ouvrit, et la trouva semblable

A celles dont les œufs ne lui rapportaient rien,
S'étant lui-même ôté le plus beau de son bien.

Belle leçon pour les gens chiches!
Pendant ces derniers temps, combien en a-t-on vus
Qui du soir au matin sont pauvres devenus,
Pour vouloir trop tôt être riches!

(LA FONTAINE, *Fables*.)

38e LEÇON. — Le jeu et les dettes.

LECTURES.

1. — Il faut intéresser la partie !

Un cultivateur s'en vint un jour à la foire pour vendre une vache. En quel endroit ? Il n'importe guère.

Il fit un bon marché, alla dîner, but un verre de vin de plus qu'à l'ordinaire, et quelques verres de mauvais cognac après son café. Bref, il se trouva dans une société où l'on jouait aux cartes. — « Allons, il faut intéresser la partie! on ne s'amuse pas sans cela. »

Le brave homme n'osa refuser. Il but encore et il joua d'abord cinquante centimes, puis un franc, puis deux, puis cinq, puis vingt. Il eut des veines de gain et de perte. Enfin, après bien des heures de fièvre, il ne trouva plus rien dans sa bourse.

Assommé, hébété, il sortit, partit dans la nuit noire, trébucha plusieurs fois, tomba, se releva, finit par trouver son chemin, et rentra chez lui, où sa femme l'attendait anxieusement, dans la crainte d'un accident.

Elle fut battue, mais elle eut le courage de ne pas crier, pour éviter un scandale. Et le lendemain fut-il assez triste! Plus de vache à l'étable, et plus d'argent à la maison! L'hiver, il fallut boire de l'eau, et plus d'une fois aller se coucher sans souper.

Ah! le jeu, mes enfants, le jeu d'argent, le jeu intéressé, quels malheurs il a déjà causés! Ce n'est pas une, c'est mille histoires vraies que je pourrais vous raconter là-dessus, et toutes plus tristes les unes que les autres.

(***.)

Questionnaire. — 1. Pourquoi le cultivateur était-il venu à la foire? — 2. Retira-t-il un bon prix de sa vache? — 3. Que fit-il après son marché? — 4. Comment fut-il entraîné au jeu, et, à la fin, que lui resta-t-il? — 5. Dans quel état se trouvait-il et comment fit-il sa route, dans la nuit noire? — 6. Qui l'attendait avec anxiété? — 7. Quel traitement dut subir la pauvre femme? — 8. Quelle fut la triste réalité du lendemain et à quoi fallut-il se résigner? — 9. Quelles réflexions vous suggère cette histoire? — 10. Ne pourrait-on pas en raconter d'autres aussi tristes? — 11. Quelles résolutions faut-il donc prendre au sujet de la funeste passion du jeu?

---

2. — Les achats à crédit et au comptant.

Celui qui vend à crédit demande pour l'objet qu'il vend un prix équivalent au principal et à l'intérêt de son argent pour le temps qu'il ne le fera pas valoir; c'est pourquoi celui qui achète à crédit paye l'intérêt de ce qu'il achète, tandis que celui qui paye comptant pourrait économiser et placer cet argent; ainsi celui qui possède une chose qu'il a achetée paye un intérêt pour l'usage qu'il en fait.

Toutefois, en achetant, il est mieux de payer comptant, parce que celui qui vend à crédit s'attend à perdre cinq pour cent, par les mauvais payeurs; c'est pourquoi il charge le prix de tout ce qu'il vend à crédit, afin de prévenir une perte probable.

Ceux qui achètent à crédit subissent cette augmentation de prix.

Celui qui paye comptant échappe ou peut échapper à cette augmentation de prix.

Penny[1] économisé en vaut deux.

1. Monnaie anglaise valant environ 10 centimes.

Une épingle économisée chaque jour, c'est huit sous de gagné par an.

(FRANKLIN.)

Questionnaire. — 1. Qu'exige le vendeur de l'acheteur, lorsque celui-ci ne le paye pas comptant? — 2. De quoi bénéficie, au contraire, celui qui paye immédiatement ses achats et quel parti pourrait-il tirer de ce bénéfice? — 3. Pour quelle raison encore le vendeur à crédit prend-il la précaution de se faire payer plus cher? — 4. Qui supporte les conséquences de cette augmentation de prix? — 5. Par quelle réflexion et quel petit calcul peut-on justifier la façon avisée de celui qui paye comptant et ne contracte pas de dettes?

MAXIMES.

Le jeu peut entraîner à la paresse, au vol et au crime.

Qui a bu boira; qui a joué jouera.

Celui qui s'endette s'expose à subir bien des hontes.

Qui paye ses dettes s'enrichit.

RÉSUMÉ.

Les jeux désintéressés sont utiles, parce qu'ils servent de délassements; mais les jeux d'argent ou de hasard sont dangereux.

Je me garderai de ces derniers jeux, parce qu'ils me feraient perdre le goût du travail et me conduiraient à la ruine et au déshonneur.

J'éviterai également les dettes, qui me mettraient dans l'embarras et me feraient perdre mon indépendance. Pour cela, je mesurerai toujours mes dépenses à mes ressources.

RÉCITATION.

1. — Casimir, roi de Pologne.

Casimir, roi de Pologne, jouant un jour avec un de ses gentilshommes qui perdait tout son argent, en reçut un soufflet, dans la chaleur de la dispute. Ce gentilhomme fut condamné à perdre la tête; mais Casimir révoqua la sentence et dit : « Je ne suis point surpris de la conduite de ce gentilhomme : ne pouvant se venger de la fortune, il n'est pas étonnant qu'il ait maltraité celui qu'elle favorisait à son préjudice. Le seul coupable qu'il y ait dans cette affaire, c'est moi. Je ne devais point encourager par mon exemple la funeste passion du jeu; mais les malheureuses suites de la faute que je viens de faire seront pour moi une leçon qui m'apprendra à ne plus la commettre. »

(Mlle Clarisse Juranville, *Manuel d'éducation morale et civique* [1].)

VIII. — DEVOIRS ENVERS LES ANIMAUX

39e LEÇON. — Devoirs envers les animaux.

LECTURE.

1. — Serviteur et ami.

Un cheval paissait dans un pré. Le long du pré, il y avait un chemin creux, et le cheval venait regarder les passants par-dessus la barrière. Un homme bon et doux passa près de la barrière, caressa le cheval et lui parla avec amitié; puis il continua sa route. Un autre homme passa également dans le chemin creux. Celui-là était dur et brutal. Au lieu

1. Hollier-Larousse et Cie, éditeurs.

de caresser le cheval, il lui donna un coup de fouet, et le pauvre animal s'enfuit en secouant sa tête blessée.

Pendant que les deux hommes étaient à la ville, il tomba une grande pluie, et le chemin creux se remplit d'eau.

L'homme doux et bon arriva le premier. Hélas! comment faire pour passer? Il reconnut le hennissement du cheval, et l'appela à son aide. Le cheval s'approcha. L'homme lui grimpa sur le dos, et il traversa ainsi le torrent sans même mouiller la semelle de ses souliers. Puis le cheval retourna vers son pré.

En ce moment, l'homme brutal revenait de la ville; il avait vu ce que le cheval venait de faire, et il voulait qu'il le transportât à son tour. « Coco! lui cria-t-il rudement, Coco, arrive ici! » Mais Coco, reconnaissant l'homme qui l'avait frappé le matin, ne voulut point s'approcher, et l'homme brutal fut obligé, pour retourner chez lui, de se mouiller jusqu'à la ceinture.

C'est seulement quand le maître est l'ami de son serviteur que le serviteur est l'ami du maître.

(Mme PAPE-CARPANTIER, *Histoires et Leçons de choses* [1].)

Questionnaire. — 1. Comment fut traité le cheval par chacun des deux passants du chemin creux? — 2. Qu'arriva-t-il, pendant que ceux-ci étaient à la ville? — 3. Quel service rendit le cheval à l'homme doux et bon? — 4. En fit-il de même à l'égard de l'homme brutal? — 5. Comment devons-nous donc traiter les animaux?

MAXIMES.

Quand on est sans pitié pour les animaux, on est bien près de l'être pour ses semblables.

Il est cruel, lâche et imprudent de faire souffrir les animaux.

Veux-tu que les animaux t'aiment et t'obéissent, traite-les avec douceur.

1. HACHETTE ET Cie, éditeurs.

RÉSUMÉ.

Les animaux sont des êtres qui sentent, qui souffrent comme nous. Je n'exercerai donc envers eux aucun acte de cruauté.

Je traiterai surtout avec douceur les animaux domestiques, qui nous rendent journellement les plus grands services, et je respecterai les oiseaux, parce qu'ils sont très utiles [1] au cultivateur.

RÉCITATIONS.

1. — Le crapaud.

« Viens vite, Pierre, viens voir
Un affreux crapaud tout noir !

Disait Paul à petit Pierre :
Nous allons le tuer, ça va nous amuser. »
Et Paul prend un bâton et son frère une pierre;
Ils courent au crapaud pour le martyriser.
Un âne en ce moment, traînant une charrette,
Allait mettre le pied sur le corps de la bête.
Il s'arrête,
Et s'en va de côté pour ne pas l'écraser.
Paul alors dit à petit Pierre,
Qui laisse tomber ses cailloux :

1. La loi Grammont punit sévèrement les dénicheurs et ceux qui maltraitent les animaux domestiques.

« Ah! qu'allions-nous faire, mon frère
Un âne est moins méchant que nous! »
(Louis Ratisbonne.)

2. — Le chien du berger.

J'aime mon chien, un bon gardien,
Qui mange peu, travaille bien,
Plus fin que le garde champêtre.
Quand mes moutons je mène paître,
Du loup je ne redoute rien,
Avec mon chien, mon bon gardien,
Finaud, mon chien!

Depuis dix ans à mon service,
Finaud est bon, il est très bon;
Je ne lui connais pas de vice :
Il ne prend ni lard ni jambon;
Il ne touche pas au fromage,
Non plus qu'au lait de mes brebis;
Il ne dépense à son ménage
Que de l'eau claire et du pain bis.
(Pierre Dupont, *Chansons* [1].)

3. — Les oisillons.

Tu l'as cueilli trop tôt, dans le rosier sauvage,
Ce nid qu'un imprudent jardinier te montra,
Ma fillette, et voilà des pleurs sur ton visage,
Parce que ta couvée avant ce soir mourra.

Vois-tu sur tes genoux, chaque fois que tu bouges,
Se soulever ces fronts aveugles et rasés
Et s'ouvrir, en criant, toutes ces gorges rouges
Où tu ne peux, hélas! mettre que des baisers?

Ils mourront... Et là-bas, sur sa branche déserte,
Leur mère, en gémissant, gardera jusqu'au soir,
Frétillante à son bec, quelque chenille verte
Pour les chers oisillons qu'elle espère revoir...

1. Plon, Nourrit et Cie, éditeurs.

Va ! cours lui rapporter sa frileuse famille;
Replace bien le nid au milieu du rosier.

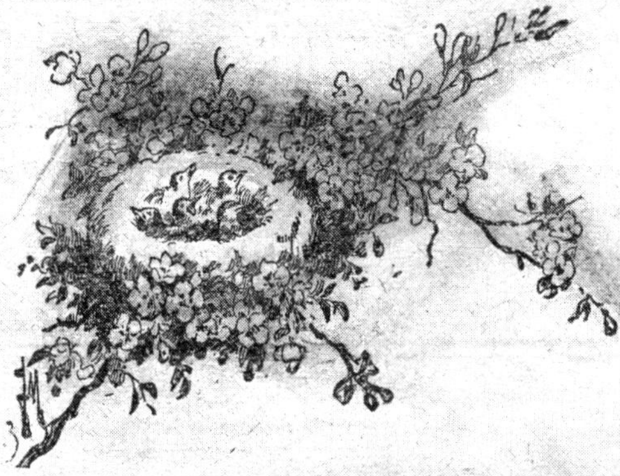

Demain, à ton réveil, caché dans la charmille,
Leur père chantera pour te remercier.
(François Fabié, *la Poésie des bêtes*[1].)

---

4. — La jument de l'Arabe.

Un pauvre Arabe du désert avait pour tout bien une magnifique jument. Le consul de France lui proposa de la lui vendre dans l'intention de la donner à Louis XIV. L'Arabe, pressé par le besoin, balança longtemps ; enfin il consentit et demanda un prix considérable. Le consul, n'osant de son chef donner une si grosse somme, écrivit à la cour pour en obtenir l'agrément. Louis XIV donna l'ordre qu'elle fût livrée. Le consul, sur-le-champ, mande l'Arabe, qui arrive, monté

1. Alphonse Lemerre, éditeur.

sur sa belle coursière, et lui compte l'or qu'il lui avait demandé. L'Arabe, couvert d'une pauvre natte, met pied à terre, regarde l'or; il jette ensuite les yeux sur sa jument, il soupire et lui dit : « A qui vais-je te livrer? A des Européens qui t'attacheront, qui te battront, qui te rendront malheureuse; reviens avec moi, ma belle jument, ma gazelle; sois la joie de mes enfants. » En disant ces mots, il saute dessus et reprend la route du désert.

(BERNARDIN DE SAINT-PIERRE.)

AVRIL

IX. — DEVOIRS ENVERS L'AME : QUALITÉS ET DÉFAUTS

40e LEÇON. — La modestie et l'orgueil.

(VANITÉ, COQUETTERIE.)

LECTURE.

1. — Une lettre de Franklin.

Franklin avait été envoyé en France par les États-Unis d'Amérique. Les hommages que lui prodiguaient les principaux personnages de la société parisienne avaient peut-être flatté son amour-propre, mais n'avaient changé en rien ses goûts de simplicité et ses habitudes d'économie.

Il entretenait une correspondance suivie avec sa famille, restée en Amérique, et s'enquérait avec le plus grand soin de ce qui pouvait intéresser les siens. Un jour, il reçut une lettre où sa fille lui annonçait qu'une fête nationale allait être célébrée à Boston en l'honneur de l'indépendance américaine et de celui qui l'avait fondée. Elle désirait y figurer avec éclat et le priait de lui envoyer de Paris plusieurs objets de toilette, entre autres choses des dentelles et des plumes.

Franklin, dans sa réponse, donna d'intéressants détails sur la mission qu'il remplissait en France, et, quand il arriva à la demande que lui adressait sa fille, voici ce qu'il ajouta : « Vous ne filez donc plus, vous ne tricotez donc plus, ma chère Sally? Vous dites que vous voulez être parée, parce que cela témoigne du goût de votre père; mais le goût de votre père, c'est qu'au milieu de la misère universelle vous ne soyez point parée. Faites comme lui; portez vos manchettes jusqu'à ce qu'elles soient trouées : cela vous fera de la dentelle. Quant aux plumes, si vous en voulez, vous en trouverez à la queue de tous les coqs d'Amérique[1]. »

(CH. LEBAIGUE, *Pour nos filles*[2].)

Questionnaire. — 1. Les honneurs que recevait en France Franklin avaient-ils changé ses habitudes de modestie? — 2. Que lui annonçait et que lui demandait un jour sa fille, dans une de ses lettres? — 3. Que répondit Franklin? — 4. Faut-il prendre sa réponse à la lettre? — 5. Quelle leçon a-t-il voulu donner à sa fille?

MAXIMES.

Les enfants vaniteux se font détester de tout le monde.

Soyons modestes : un peu de vanité gâte beaucoup de mérite.

N'écoutons pas ceux qui nous flattent : c'est qu'ils veulent nous tromper et nous nuire.

RÉSUMÉ.

Je ne serai point orgueilleux. Je ne me louerai

---

1. Il ne faut pas prendre à la lettre la réponse de Franklin à Sally. Il n'est pas nécessaire de porter des manchettes trouées, et l'on peut trouver des plumes ailleurs qu'à la queue des coqs; mais, sous une forme un peu sévère, il voulait donner à sa fille une leçon de simplicité et d'économie. (CH. LEBAIGUE.)

2. BELIN FRÈRES, éditeurs.

jamais de mes qualités, ni de mes bonnes actions, et je n'aurai pour les autres ni mépris ni dédain. Je verrai plutôt mes défauts, afin de m'en corriger.

Je ne serai point vaniteux et ne me laisserai pas prendre aux belles paroles des flatteurs.

Je serai, avec tous, simple et modeste.

RÉCITATIONS.

1. — Le lierre et le rosier.

Un lierre, serpentant au haut d'une muraille,
Voit un petit rosier et se rit de sa taille.
L'arbuste lui répond : « Apprends que sans appui
J'ai su m'élever par moi-même ;
Mais toi, dont l'orgueil est extrême,
Tu ramperais encor sans le secours d'autrui. »

(LE BAILLY.)

---

2. — Une vaniteuse.

Sur les cornes d'un bœuf revenant du labour
Une fourmi s'était juchée.
« D'où viens-tu? lui cria sa sœur,
Et que fais-tu, si haut perchée?
— D'où je viens, ma commère? Eh! peux-tu l'ignorer?
Nous venons de labourer. »

(VILLIERS.)

---

3. — L'épi stérile et le tonneau vide.

« Tandis que ces épis, qu'on coupera bientôt,
Inclinent leurs fronts vers la terre,
D'où vient que celui-ci s'élève encor si haut?
— C'est qu'il n'a pas de grain dans sa tête légere. »

« Ce tonneau qu'au pressoir le vigneron conduit
En le poussant d'un pied rapide,
Pourquoi donc fait-il tant de bruit?
— Mon ami, c'est qu'il est vide. »

(L.-A. BOURGUIN.)

---

4. — Le corbeau et le renard.

Maître corbeau, sur un arbre perché,
Tenait en son bec un fromage.
Maître renard, par l'odeur alléché,
Lui tint à peu près ce langage :
« Hé! bonjour, monsieur du Corbeau,
Que vous êtes joli! que vous me semblez beau!
Sans mentir, si votre ramage
Se rapporte à votre plumage,
Vous êtes le phénix des hôtes de ces bois. »
A ces mots, le corbeau ne se sent plus de joie
Et, pour montrer sa belle voix,
Il ouvre un large bec, laisse tomber sa proie.
Le renard s'en saisit, et dit : « Mon bon monsieur,
Apprenez que tout flatteur
Vit aux dépens de celui qui l'écoute :
Cette leçon vaut bien un fromage sans doute. »
Le corbeau, honteux et confus,
Jura, mais un peu tard, qu'on ne l'y prendrait plus.

(LA FONTAINE, *Fables*.)

41e LEÇON. — La patience et la colère.

LECTURE.

1. — Henri IV et Crillon.

Henri IV était né vif et emporté; mais il se rendit tellement maître de sa colère qu'il savait se modérer dans les occasions les plus difficiles.

Au siège de Rouen, l'ennemi fit une sortie furieuse, qui fut couronnée de succès. On rejeta généralement la faute de cet échec sur Crillon.

Crillon voulut se justifier : il alla trouver le roi, qui ne parut pas aussi persuadé de ses raisons qu'il l'eût voulu. Des excuses il passa à la contestation, et de la contestation à l'emportement.

Le roi, irrité de ce manque de respect, lui ordonna de sortir.

Crillon, revenant à tout moment, s'aperçut que Henri allait perdre patience. Enfin, Crillon sortit, et le roi, s'étant calmé, dit aux seigneurs qui l'accompagnaient :

« La nature m'a formé colère ; mais depuis que je me connais, je me suis toujours tenu en garde contre une passion qu'il est dangereux d'écouter. Je le sais par expérience, et je suis bien aise d'avoir de si bons témoins de ma modération. »

(TH. H. BARRAU, *Livre de morale pratique*[1].)

Questionnaire. — 1. Henri IV savait-il modérer son caractère ? — 2. Quel échec essuya-t-il au siège de Rouen ? — 3. A qui en fut imputée la faute ? — 4. Quelle démarche fit Crillon auprès de Henri IV ? — 5. Celui-ci s'emporta-t-il comme Crillon ? — 6. Que lui ordonna tout simplement le roi ? — 7. Que dit celui-ci, au sujet de sa modération, à ceux qui l'entouraient ? — 8. Pourquoi la colère est-elle un danger et la modération une vertu ?

MAXIMES.

Possède-toi : la colère est la sœur de la folie.

Surmonter sa colère, c'est vaincre son plus grand ennemi.

Patience et longueur de temps
Font plus que force ni que rage.

RÉSUMÉ.

La colère est comparable à la folie. C'est une

---

1. HACHETTE ET Cie, éditeurs.

passion dangereuse, qui peut conduire à des actes regrettables et qui prépare presque toujours le repentir et le remords.

Je ne me laisserai donc jamais aller à la colère ni à la vengeance. Je resterai toujours maître de moi, afin de pouvoir obéir à ma raison.

RÉCITATIONS.

1. — Le miroir brisé.

On dit qu'un petit campagnard,
Aux yeux louches, au nez camard,
Pour la première fois se voyant dans la glace,
Pensa que celle-ci lui faisait la grimace.
« Attends, dit-il, je vais te mettre à la raison. »
Notre rustre aussitôt, d'un coup de son bâton,
En plus de cent morceaux la casse.
Qui fut bien attrapé? Ce fut notre bambin.
Cent miroirs au lieu d'un (jugez de son chagrin)
Lui montraient sa vilaine face.

(VALADE.)

---

2. — Sur la vengeance.

Si quelqu'un nous blesse et nous nuit,
Quelque grande que soit l'offense,
Laissons l'espace d'une nuit
Entre l'injure et la vengeance.
L'aurore à nos yeux rend moins noir
Le mal qu'on nous a fait la veille,
Et tel qui s'est vengé le soir
En est fâché lorsqu'il s'éveille.

(PANARD.)

---

3. — La plante précieuse.

Deux servantes, Marie et Marguerite, portaient chacune un panier très lourd; celle-ci murmurait continuellement et se plaignait de la pesanteur de son fardeau; celle-là en riait et en plaisantait, comme s'il était léger. « Comment peux-tu rire? dit Marguerite; ton panier est aussi lourd que le mien, et tu n'es pas plus forte que moi. — C'est parce que j'ai mis dans le mien, répondit Marie, une petite plante qui en diminue le poids. — De grâce, dis-moi, Marie, quelle est cette plante. Je voudrais en avoir une semblable pour alléger aussi mon panier. » Marie lui dit : « La plante précieuse qui rend tous les fardeaux légers, c'est la patience. »

(SCHMID.)

42e LEÇON. — L'envie et la jalousie.

LECTURE.

1. — La chemise de l'homme heureux.

Un souverain d'Orient, descendant du grand Haroun-al-Raschid, était riche et puissant comme son aïeul; mais il n'était pas heureux. Il alla consulter un vieux derviche. Celui-ci lui répondit que le bonheur était chose rare en ce monde; mais cependant il connaissait un moyen de le trouver. « Quel est ce moyen? demanda le prince. — C'est, dit le derviche, de mettre sur ses épaules la chemise d'un homme heureux. » Là-dessus, le prince embrassa le vieillard, et s'en alla à la recherche de son talisman.

Il visite toutes les capitales de la terre. Il essaye des chemises de courtisans, des chemises de rois, des chemises d'empereurs. Il n'en est pas plus heureux. Alors il endosse des chemises de marchands, des chemises de soldats, des chemises d'artistes. Peine inutile! il courait après le bonheur, et le bonheur était insaisissable.

Désespéré, il reprenait un jour la route de ses États, lorsqu'il aperçut dans la campagne un pauvre laboureur.

qui poussait sa charrue en riant et en chantant. « Ou je me trompe fort, dit-il, ou voilà celui que je cherche. » Il s'approche du villageois : « Bonhomme, dit-il, es-tu heu-

reux ? — Oui, répond l'autre. — Tu ne te plains de rien, tu ne désires rien ? — Non. — Tu ne changerais pas ton sort contre celui d'un roi ? — Jamais. — Eh bien, vends-moi ta chemise. — Ma chemise ? Je n'en ai pas. »

(BLANCHET.)

Questionnaire. — 1. Pourquoi le descendant du grand Haroun-al-Raschid n'était-il pas heureux ? — 2. Que lui dit le derviche à ce sujet et que lui conseilla-t-il ? — 3. Les chemises de qui emprunte-t-il pour jouir d'un bonheur parfait ? — 4. Put-il ainsi saisir le bonheur ? — 5. Désespéré, que fit-il, un jour ? — 6. Qui rencontra-t-il ? — 7. Quel entretien eut-il avec le paysan et que lui proposa-t-il ? — 8. Quelle fut la réponse du paysan ? 9. Est-il possible de jouir d'un parfait bonheur en ce monde — 10. N'est-il donc pas plus sage d'être modéré dans ses désirs

MAXIMES.

Le bonheur ne consiste pas à posséder beaucoup, mais à se contenter de ce qu'on a.

A changer trop de position, il y a plus d'inconvénients que d'avantages.

L'envie et la jalousie empoisonnent bien des existences et font commettre bien des crimes.

RÉSUMÉ.

Je n'envierai pas le bien des autres et ne me montrerai pas jaloux des avantages qu'ils peuvent avoir.

J'aimerai ma position, tout en m'efforçant de l'améliorer par des moyens honnêtes, et je ne rechercherai pas la fortune au point de nuire, soit à ma réputation, soit aux intérêts d'autrui.

Je souhaiterai plutôt la santé, qui permet le travail, source du vrai bonheur.

RÉCITATIONS.

1. — Le boiteux, le bossu et l'aveugle.

« Me voilà vraiment bien loti
Avec ma jambe en raccourci,
Clopin par là, clopin par ci !
Disait certain boiteux. Or çà ! dame Nature,
N'attendez pas un grand merci ;
Car je fais dans ce monde-ci
Une pénitence assez dure.
— Eh ! ne suis-je pas, moi, bien joliment bâti ?
Répondit un bossu passant par aventure :
Il faut, pour m'avoir fait ainsi,
Qu'on se soit trompé de mesure. »
Un aveugle, les entendant,
Tout aussitôt se mit à dire :

« Dussé-je aller toujours en clopinant,
Être bossu par derrière et devant,
Ah! si j'avais un pauvre œil seulement,
Que leurs propos me feraient rire! »
Tel se plaint d'être mal qui serait bien content
S'il songeait qu'on peut être pire.

(FLORIAN, *Fables.*)

2. — Le renard et les raisins.

Certain renard gascon, d'autres disent normand,
Mourant presque de faim, vit au haut d'une treille
Des raisins mûrs apparemment,
Et couverts d'une peau vermeille.

Le galant en eût fait volontiers un repas;
Mais comme il n'y pouvait atteindre :
« Ils sont trop verts, dit-il, et bons pour des goujats. »
Fit-il pas mieux que de se plaindre?

(LA FONTAINE, *Fables.*)

8. — La grenouille et le bœuf.

Une grenouille vit un bœuf
Qui lui sembla de belle taille.

Elle, qui n'était pas grosse en tout comme un œuf,
Envieuse, s'étend, et s'enfle, et se travaille
Pour égaler l'animal en grosseur,
Disant : « Regardez bien, ma sœur :
Est-ce assez ? dites-moi ; n'y suis-je pas encore ?
— Nenni. — M'y voici donc ? — Point du tout. — M'y voilà ?
— Vous n'en approchez point. » La chétive pécore
S'enfla si bien qu'elle creva.

Le monde est plein de gens qui ne sont pas plus sages
Tout bourgeois veut bâtir comme les grands seigneurs
Tout petit prince a des ambassadeurs,
Tout marquis veut avoir des pages.

(La Fontaine, *Fables*.)

4. — Le petit poisson et le pêcheur.

Petit poisson deviendra grand,
Pourvu que Dieu lui prête vie;
Mais le lâcher en attendant,
Je tiens, pour moi, que c'est folie;
Car de le rattraper il n'est pas trop certain.

Un carpeau, qui n'était encore que fretin,
Fut pris par un pêcheur au bord d'une rivière.

« Tout fait nombre, dit l'homme en voyant son butin ;
Voilà commencement de chère et de festin :
Mettons-l'en notre gibecière. »
Le pauvre carpillon lui dit en sa manière :
« Que ferez-vous de moi? je ne saurais fournir
Au plus qu'une demi-bouchée.
Laissez-moi carpe devenir :
Je serai par vous repêchée,
Quelque gros partisan m'achètera bien cher;
Au lieu qu'il vous en faut chercher
Peut-être encor cent de ma taille
Pour faire un plat : quel plat! Croyez-moi, rien qui vaille
— Rien qui vaille? Eh bien, soit, repartit le pêcheur;
Poisson, mon bel ami, qui faites le prêcheur,

Vous irez dans la poêle, et, vous avez beau dire,
Dès ce soir on vous fera frire. »

Un Tiens vaut, ce dit-on, mieux que deux Tu l'auras;
L'un est sûr, l'autre ne l'est pas.

(LA FONTAINE, *Fables.*)

43e LEÇON. — La vérité et le mensonge.

LECTURE.

1. — Georges Washington.

Georges Washington, qui devint président des États-Unis d'Amérique, fut renommé toute sa vie pour sa sincérité. Il était encore petit enfant lorsqu'un ami de sa famille lui fit don d'une hachette.

Dans sa joie, il n'eut rien de plus pressé que de l'essayer sur tous les arbres du jardin. Entre autres dégâts, il fit une énorme entaille à un oranger, arbre favori de son père.

Celui-ci voulut savoir quel était l'auteur du méfait. Après avoir interrogé vainement tous les gens de la maison, il s'adressa à son fils : « Georges, lui dit-il, connais-tu le coupable? Je veux le punir, et le punir de telle sorte qu'il ne soit pas tenté de recommencer. »

L'enfant eut une grande frayeur; mais il n'hésita pas à répondre : « Mon père, je ne puis faire un mensonge, c'est moi qui suis le coupable : punissez-moi.

— Viens dans mes bras, s'écria son père. Tu as eu grand tort de mutiler un arbre que j'avais planté et que j'aimais; mais tu m'as dit la vérité, et je te pardonne. Ta franchise vaut mieux pour moi que mille arbres, eussent-ils des fleurs d'argent et des fruits d'or. Va, et que l'aventure de l'oranger te rappelle toujours qu'il faut être, quoi qu'il en coûte, véridique et sincère. »

(*Petit Journal d'éducation et d'enseignement*[1].)

Questionnaire. — 1. Par quoi Georges Washington fut-il renommé toute sa vie? — 2. Quel don reçut-il un jour, et quel usage en fit-il? — 3. Quelle intention manifesta son père à l'égard de l'auteur du méfait commis, en interrogeant son fils? — 4. Que lui répondit celui-ci sans hésiter? — 5. Quel sentiment éprouva son père en entendant son aveu et que lui dit-il en l'embrassant? — 6. Ne devons-nous pas dire toujours la vérité?

MAXIMES.

Il ne faut jamais mentir.

Si vous avez mal fait, avouez-le franchement plutôt que d'aggraver votre faute par un mensonge.

Faute avouée est à moitié pardonnée.

RÉSUMÉ.

Le mensonge est une lâcheté et une mauvaise action, car on ment le plus souvent pour échapper à un châtiment qu'on mérite ou dans le but de tromper.

Je ne mentirai jamais, même dans les moindres

1. Nouvelle Librairie, 97, boulevard Saint-Germain, à Paris.

choses, même en plaisantant, parce qu'on méprise le menteur et que celui-ci n'est plus cru même en disant la vérité.

Je tiendrai également la parole donnée, afin qu'on puisse dire de moi : Sa parole suffit, sa parole est un écrit.

RÉCITATIONS.

1. — La galette.

Tout en se promenant, un bambin déjeunait
De la galette qu'il tenait.
Attiré par l'odeur, un chat vient, le caresse,
Fait le gros dos, tourne et vers lui se dresse.

« Oh ! le joli minet !... » Et le marmot, charmé,
Partage avec celui dont il se croit aimé;
Mais le flatteur à peine obtient ce qu'il désire
Qu'au loin il se retire.
« Ha ! ha ! ce n'est pas moi, dit l'enfant consterné,
Que tu suivais; c'était mon déjeuné. »

(GUICHARD.)

2. — Guillot ou le menteur puni.

Guillot criait : Au loup! un jour par passe-temps.
Un tel cri mit l'alarme aux champs;
Tous les bergers du voisinage
Coururent au secours; Guillot se moqua d'eux :
Ils s'en retournèrent honteux,
Pestant contre son badinage.
Mais rira bien qui rira le dernier.
Deux jours après, un loup, avide de carnage,
Un véritable loup-cervier,
Malgré notre berger et son chien, faisait rage
Et se ruait sur le troupeau.
— « Au loup! s'écria-t-il, au loup! » Tout le hameau
Rit à son tour : « A d'autres, je vous prie,
Répondit-on; l'on ne nous y prend plus. »
Guillot, le goguenard, fit des cris superflus :
On crut que c'était fourberie.
Menteur n'est jamais écouté
Même en disant la vérité.

(Florian, *Fables*.

3. — La chute d'un gland.

Au pied d'un chêne, et sur un vert gazon,
Se reposait une belette;
Quand un gland, détaché par un froid aquilon,
Vint tomber à plomb sur sa tête.
Elle s'éveille, et, tremblante d'effroi,
De ce lieu dangereux s'enfuit à perdre haleine,
Criant au rat des champs, qu'elle regarde à peine :
« Là-bas, là-bas vient de tomber sur moi
La branche énorme d'un gros chêne. »
Le rat n'eut garde d'aller voir.
Il dit à deux lapins broutant sur la colline
Qu'un gros chêne venait de choir
Sur la belette sa voisine.
Les lapins, en le racontant,
Y mêlent les éclairs et le feu du tonnerre.

Un écureuil, qui les entend,
Y joint un tremblement de terre.
Bref, les faits, les détails, l'un par l'autre appuyés,
S'étaient le lendemain si bien multipliés,
Qu'à trente milles à la ronde
Tous les animaux, effrayés,
Dans la chute d'un gland voyaient la fin du monde.

(VIENNET.)

---

4. — Le renard et la cigogne.

Compère le renard se mit un jour en frais,
Et retint à dîner commère la cigogne.
Le régal fut petit et sans beaucoup d'apprêts :
Le galant, pour toute besogne,
Avait un brouet clair; il vivait chichement.
Ce brouet fut par lui servi sur une assiette :
La cigogne au long bec n'en put attraper miette,
Et le drôle eut lapé le tout en un moment.
Pour se venger de cette tromperie,
A quelque temps de là la cigogne le prie.
— « Volontiers, lui dit-il, car avec mes amis
Je ne fais point cérémonie. »
A l'heure dite, il courut au logis
De la cigogne son hôtesse,
Loua très fort sa politesse,
Trouva le dîner cuit à point.
Bon appétit surtout : renards n'en manquent point,
Il se réjouissait à l'odeur de la viande
Mise en menus morceaux et qu'il croyait friande
On servit, pour l'embarrasser,
En un vase à long col et d'étroite embouchure
Le bec de la cigogne y pouvait bien passer;
Mais le museau du sire était d'autre mesure.
Il lui fallut à jeun retourner au logis,
Honteux comme un renard qu'une poule aurait pris,
Serrant la queue et portant bas l'oreille.

Trompeurs, c'est pour vous que j'écris :
Attendez-vous à la pareille.

(LA FONTAINE, *Fables*.)

44e LEÇON. — La volonté et la persévérance.

LECTURE.

1. — Les deux enfants ou les deux caractères.

Deux enfants avaient reçu de leur maman chacun une petite pièce blanche. Cinquante centimes ! c'est une fortune ; ils étaient donc riches tous les deux. Le lendemain, l'un avait tout encore, l'autre n'avait plus rien : c'est que le premier était économe et l'autre très dépensier.

Deux enfants allaient à l'école, leur panier au bras ; les paniers étaient pleins. L'un des enfants mangea tout ; l'autre vida la moitié de son panier dans les mains d'une pauvre vieille femme qui mourait de faim. Pourquoi cette différence ? C'est que le premier ne songeait qu'à lui, et que le second était charitable.

Deux enfants travaillaient ensemble ; ils avaient le même maître, ils faisaient les mêmes devoirs ; mais l'un les faisait presque toujours bien, et l'autre presque toujours mal. Pourquoi ? c'est que le premier était très laborieux et l'autre très paresseux.

Les enfants ne se ressemblent donc pas ; ils ne sont pas aussi bons les uns que les autres ; mais ceux qui sont bons peuvent devenir meilleurs, et ceux qui sont mauvais peuvent devenir bons. Le dépensier peut devenir économe ; l'égoïste, charitable, et le paresseux, travailleur.

Les animaux restent ce qu'ils sont ; l'homme devient ce qu'il veut : *il faut donc vouloir.*

(A. Vessiot, *Lecture courante*, cours élémentaire[1].)

1. Lecène, Oudin et Cie, éditeurs.

Questionnaire. — 1. Comment se sont conduits les deux enfants qui avaient reçu chacun cinquante centimes ? — 2. Pourquoi cette différence ? — 3. Les deux enfants qui avaient tous deux leur panier plein se sont-ils conduits de la même manière ? — 4. D'où vient cette différence ? — 5. Les deux enfants qui travaillaient ensemble faisaient-ils leurs devoirs de la même façon ? — 6. Que faut-il donc pour bien agir ou se perfectionner ?

MAXIMES.

Petit à petit l'oiseau fait son nid.

Dans la guerre à nos défauts, il ne faut jamais s'avouer vaincu.

Avec de la persévérance, on vient à bout de tout.

RÉSUMÉ.

Pour vaincre nos mauvais penchants, comme pour réussir dans nos entreprises, il faut de la volonté et de la persévérance.

Je me corrigerai donc de mes défauts, je m'efforcerai de devenir meilleur et je ne me laisserai pas rebuter par les obstacles que je pourrai rencontrer sur ma route.

RÉCITATIONS.

1. — L'habitude.

Le chevalier Bayard, entendant un jour deux de ses pages jurer, les punit sévèrement.

« Chevalier Bayard, lui dit un de ses amis, vous punissez ces enfants pour une bien petite chose.

— Une petite chose ! répondit Bayard ; une mauvaise habitude contractée dans sa jeunesse n'est pas une petite chose, c'en est une grande. »

(A. Mézières, *Éducation morale et Instruction civique* [1].)

1. Un volume in-12, cartonné, 1 fr. 25. Charles Delagrave, éditeur.

2. — La souris persévérante.

Au mois de septembre dernier,
Une souris trottait dans son grenier,
Le long du mur. Soudain elle s'arrête,
Lève la tête,
Flaire et reflaire un petit trou
Par où
Son œil peut distinguer de succulentes choses
Dans le grenier voisin :
Du lard, du suif, des noix et du raisin.
Mais, pour le trou, ses formes sont trop grosses :
« Je n'entrerai jamais dedans;
Autant vaudrait perdre mon temps
A tenter d'attraper la lune avec les dents. »
Ayant ainsi pensé, voilà que ma petite
S'esquive, mais revient bien vite;
Puis, au bout de quelques instants,
Se dresse vers le trou, le gratte, le regratte,
Avec ses dents, avec sa patte,
Pour l'agrandir
Et l'arrondir;
Et, vers le soir, ma travailleuse,
Ayant bien grignoté, suant, fondant en eau,
Se retire, toute joyeuse
De pouvoir y fourrer la moitié du museau.
Le lendemain, même courage,
Même empressement à l'ouvrage;
Elle passe la tête, ensuite tout son corps,
Et voilà ma souris dehors!
Ayez sa persévérance,
Son courage, sa patience,
Et vous viendrez à bout
De tout.

(JACQUIER.)

---

3. — L'ourse et le petit ours.

Une ourse avait un petit ours qui venait de naître. Il était horriblement laid. On ne reconnaissait en lui aucune figure d'animal. C'était une masse informe et hideuse.

L'ourse, toute honteuse d'avoir un tel fils, va trouver sa voisine la corneille, qui faisait grand bruit, par son caquet, sur un arbre.

« Que ferai-je, lui dit-elle, ma bonne commère, de ce petit monstre ? J'ai envie de l'étrangler.

— Gardez-vous-en bien, dit la causeuse : j'ai vu d'autres ourses dans le même embarras que vous. Allez ! léchez doucement votre fils ; il sera bientôt joli, mignon et propre à vous faire honneur. »

La mère crut facilement ce qu'on lui disait en faveur de son fils ; elle eut la patience de le lécher longtemps. Enfin il commença à devenir moins difforme, et elle alla remercier la corneille en ces termes : « Si vous n'eussiez modéré mon impatience, j'aurais cruellement déchiré mon fils, qui fait maintenant tout le plaisir de ma vie. »

Oh ! que l'impatience empêche de biens et cause de maux !

(Fénelon.)

45e LEÇON. — Le courage.

LECTURE.

1. — La peur des ténèbres.

Après le dîner, la petite Victorine avait été emmenée par son père au fond du jardin. On était en automne, et il faisait très sombre.

« Père, dit l'enfant très émue, vois-tu ce gros serpent

cornu qui se dresse là-bas tout droit dans l'herbe? Il va se jeter sur nous : j'ai peur. »

Le père prend Victorine par la main, et la conduit, un peu malgré elle, auprès du gros serpent cornu : « Tu vois, lui dit-il, que c'est ma fourche que j'ai laissée tantôt dans la prairie. »

« Père, dit encore la petite Victorine, vois-tu dans l'arbre ce gros oiseau noir qui nous regarde avec ses yeux brillants? Il va nous déchirer avec ses longues griffes : j'ai peur. »

Le père reprend la main de sa petite fille et la mène, malgré sa résistance, devant le grand oiseau : « Tu vois, lui dit-il, que c'est ma blouse que j'ai accrochée tantôt dans l'arbre; les yeux brillants sont des gouttes de rosée qui pendent aux feuilles; les longues griffes sont deux bouts de ficelle qui sortent d'une de mes poches. »

« Père, père, dit un moment après Victorine, en se reculant, vois-tu cette grande caverne noire avec des flammes vertes et rouges? Ce sont sans doute les flammes de l'enfer. Elles vont nous brûler : j'ai peur.

— Allons, dit le père, vers la caverne noire. » Puis, ayant fait quelques pas : « Tu vois, dit-il, que c'est le coin du jardin où est la charmille que nous avons taillée en rond ce matin même; devant la charmille sont mes beaux chrysanthèmes roses que le vent agite un peu et sur lesquels tombent les rayons de la lune. »

Et, comme la petite Victorine avait retrouvé son calme et son sourire, le père ajouta : « Souviens-toi, mon enfant, que, quand on regarde les choses de près, on cesse d'en avoir peur. »

(Ch. Defodon, *Contes, Petits Récits*[1].)

Questionnaire. — 1. Où avait été emmenée par son père la

1. Hachette et Cie, éditeurs.

petite Victorine, après le souper? — 2. Quel temps faisait-il? — 3. Que lui sembla-t-il voir dans l'herbe? — 4. Que fit son père et que lui fit-il constater? — 5. Que croyait encore voir la petite Victorine dans l'arbre? — 6. Que fit encore son père pour calmer la frayeur de la petite poltronne? — 7. Que crut encore voir celle-ci dans la grande caverne noire et comment le père put-il lui expliquer ce qui, à distance, l'imagination aidant, l'avait tant troublée? — 8. Que faut-il donc faire pour ne pas craindre les périls imaginaires et affronter, au besoin, les véritables dangers?

MAXIMES.

L'homme courageux ne manque pas de sang-froid devant le danger et le brave quand il le faut.

La peur est mauvaise conseillère.

Ne pas se troubler en présence d'un danger, c'est l'avoir à moitié vaincu.

RÉSUMÉ.

Le courage est la force de volonté qui nous fait braver les dangers ou supporter la souffrance.

L'enfant courageux ne perd pas son sang-froid devant le danger; il n'a pas, la nuit, de peurs imaginaires et ne se laisse pas abattre par le malheur.

Je me montrerai courageux en toutes circonstances et je n'oublierai pas que le vrai courage se prouve, non par des paroles, mais par des actes.

RÉCITATIONS.

1. — Un héros en paroles.

« Moi, disait un enfant, je n'ai pas peur du loup, »
Et, sur un ton menaçant et superbe :
Qu'il vienne! ajoutait-il, je l'étrangle du coup
Et je le fais rouler sur l'herbe!

Moi, je suis fort, je suis brave, je suis... »
Une souris
Sortant de sa cachette
Interrompt le héros, qui pâlit, perd la tête
Et se sauve en poussant des cris.

De même qu'on connaît l'ouvrier à l'ouvrage,
C'est aux actes surtout qu'on juge le courage.

(FRÉDÉRIC BATAILLE, *les Fables de l'école et de la jeunesse*[1].)

---

2. — Le courage.

Un jour, Paul, en courant, donna contre une pierre.
Il était maladroit, mais il fut courageux,
Et, sans pousser un cri, recommença ses jeux,
Pour ne pas effrayer sa mère.
Il avait une bosse au front, mais il riait,
Disant : « Je n'ai pas mal! » à sa sœur qui criait.

1. PAUL DUPONT, éditeur.

Son père dit : « Bravo ! cette bosse, à ton âge,
Ne t'enlaidira pas : c'est celle du courage ! »

(Louis Ratisbonne, *les Petits Hommes*[1].)

3. — Le sang-froid.

La petite fille d'un garde-barrière, sur une ligne de chemin de fer, regardait venir un train, pendant que son père remplissait les devoirs de son service.

Tout à coup elle voit son petit frère, âgé de trois ans, qu'elle croyait endormi dans la maison, s'avancer sur la voie au-devant du train, qui arrivait à toute vapeur. Elle se précipite sur l'enfant et le saisit dans ses bras : il était trop tard pour s'écarter ; car elle sentait déjà la locomotive près d'elle.

Sans perdre la tête, elle se couche à plat ventre avec le

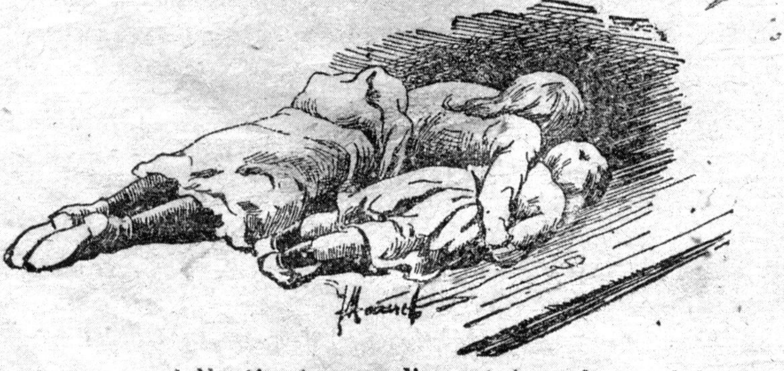

petit garçon, qu'elle tient pour l'empêcher de se débattre. Le train passe au-dessus d'eux sans leur faire de mal.

Par sa présence d'esprit, elle avait sauvé la vie de son frère et la sienne.

(Mme Henry Gréville, *Instruction morale et civique des jeunes filles*[2].)

1. Un volume in-12, broché, 1 fr. 25. Charles Delagrave, éditeur.
2. G. Delarue, éditeur

MAI

X. — DEVOIRS DE JUSTICE

46e LEÇON. — La société.

LECTURE.

1. — Les hommes nécessaires aux hommes.

Le petit Eugène se promenait un jour avec son père. Eugène avait dix ans; il était sage et réfléchi. Ils traversèrent des champs et virent des moissonneurs qui fau-

chaient des blés, des hommes de charrue qui labouraient la terre, des faneurs qui rentraient les foins.

Ils traversèrent le village. Tout le monde était actif. Aux portes des fermes, on entendait les batteurs qui battaient le grain dans la grange et les cribleurs qui le nettoyaient au grenier. La voix de la ménagère appelait les filles à la basse-cour pour tirer le lait des vaches.

Le maréchal battait son enclume. Le fer rougissait au fourneau et devenait soc ou coutre pour les charrues; essieu pour les roues; pioche, bêche ou marteau pour le travail des hommes.

Il y avait des maçons qui construisaient un édifice, des charpentiers qui façonnaient le bois; la lime du serrurier criait sur le fer.

Le meunier portait des sacs au moulin, la roue du moulin tournait sous la force de l'eau, et on entendait le tic tac.

Je constate qu'ici tout le monde est actif! dit Eugène; il n'y a de temps perdu pour personne.

— Oui, répondit le père, mais il est une chose à laquelle tu n'as pas pensé, sans doute.

— Quoi, mon père?

— Mon ami, c'est que l'homme serait bien malheureux s'il était seul, et que nous avons tous besoin les uns des autres.

« Regarde, ne faut-il pas que le maçon bâtisse notre maison, que le charpentier en façonne le bois? ne faut-il pas que le laboureur sème le grain qui nous nourrit, que le moissonneur le récolte, que le meunier le réduise en farine, que le boulanger le fasse cuire?

« Tu n'as pas fait toi-même tes habits, ton linge. Ne faut-il pas que le tondeur coupe la laine de la brebis, que le fabricant la prépare et en fasse du drap? que le cultivateur sème le chanvre et le lin, que la fileuse le file, que le tisserand en fasse de la toile?

« Réfléchis donc, mon ami : nous sommes une grande famille, nous nous aidons les uns les autres, et il n'est aucun de nous qui puisse se suffire à lui-même. »

(DELAPALME, *Premier Livre de l'adolescence*[1].)

Questionnaire. — 1. Quelles qualités avait déjà le petit Eugène à l'âge de dix ans? — 2. En se promenant un jour avec son père, de quoi fut-il témoin dans les champs? — 3. dans le

1. HACHETTE ET Cie, éditeurs.

village? — 4. Qu'est-ce qui le frappa dans tout ce beau spectacle et en quels termes le dit-il à son père? — 5. Que lui fit remarquer, en outre, celui-ci et que dit-il pour montrer à son fils le précieux concours que se prêtent les hommes entre eux? — 6. Avait-il raison de comparer la société à une grande famille? — 7. Quels sentiments devons-nous donc avoir les uns à l'égard des autres?

MAXIMES.

L'homme ne peut vivre qu'en société.

Chacun pour tous, tous pour chacun.

La société est une immense famille.

Les hommes à l'état sauvage, seuls, vivent en ennemis.

RÉSUMÉ.

L'homme a besoin du secours de ses semblables, et il ne pourrait vivre seul.

Tous les hommes travaillent les uns pour les autres, et le travail de chacun profite à tous.

J'aime donc tous les hommes, puisque tous me rendent service, et je m'efforcerai plus tard, par mon travail, d'être à mon tour utile aux autres.

RÉCITATIONS.

1. — Bienfaits de la société.

On ne peut énumérer tous les avantages matériels que nous devons à la société. Supposez que le laboureur vienne vous dire : « Je ne veux plus travailler la terre ; » que le boulanger détruise son four et ne fasse plus cuire son pain ; que le tisserand et le tailleur vous disent : « Faites vos habits vous-mêmes; » supposez enfin que tous les ouvriers qui travaillent, que tous les commerçants qui vendent, suspendent leur travail et leur industrie et vous laissent le soin de vous tirer d'affaire vous-mêmes. Que deviendriez-vous? Il ne vous serait même plus possible de vivre.

(G. COMPAYRÉ, *Éléments d'instruction morale et civique*[1].)

---

2. — Le paysan.

Si le paysan disait à l'araire :
« Assez! mon travail m'ennuie, à la fin, »
S'il ne voulait plus labourer la terre...
C'est avec le blé qu'on fait le bon pain :
Si le boulanger n'en voulait plus faire,
Les petits enfants auraient toujours faim.

Si le paysan, sous la belle étoile,
Ne se levait plus avec le matin...
Le chanvre et le lin font la bonne toile :
S'il ne voulait plus semer chanvre et lin,
Les petits bateaux n'auraient plus de voile,
Et les beaux messieurs plus de linge fin.

Si le paysan, qui bêche et qui sème,
Laissait les grands prés mourir faute d'eau...
La vache a du lait, le lait de la crème,
Le joli pré vert nourrit le troupeau,
Le pauvre berger périrait lui-même,
Le joli pré vert ne serait pas beau.

Mais le paysan pense aux autres hommes :
Il sait que par eux son sort est plus doux;
Que nous nous aidons, tous tant que nous sommes;
Qu'il ne pourrait pas se passer de nous;
Et le paysan, écourtant les sommes,
Soleil, pluie ou vent, travaille pour tous.

(JEAN AICARD, *le Livre des petits*[2].)

---

1. PAUL DELAPLANE, éditeur.
2. Un volume in-12, cartonné, 1 fr. 25. CHARLES DELAGRAVE, éditeur.

47e LEÇON. — Justice et charité.

LECTURE.

1. — L'homme de labeur et ses deux voisins.

Un homme vivait de son labeur, lui, sa femme et ses petits enfants; et comme il avait une bonne santé, des bras robustes, et qu'il trouvait aisément de quoi s'employer, il pouvait, sans trop de peine, pourvoir à sa subsistance et à celle des siens.

Mais il arriva qu'une grande gêne étant survenue dans le pays, le travail y fut moins demandé. L'homme de labeur et sa famille commencèrent alors à souffrir beaucoup, et ils se trouvèrent bientôt privés de toutes ressources.

Or cet homme avait deux voisins, l'un plus riche, l'autre moins.

Il s'en alla trouver le premier, et lui dit : « Nous manquons de tout, moi, ma femme et mes enfants; ayez pitié de nous. »

Le riche lui répondit : « Que puis-je à cela? Quand vous avez travaillé pour moi, vous ai-je retenu votre salaire, ou en ai-je différé le payement? jamais je ne fis aucun tort ni à vous, ni à nul autre; mes mains sont pures de toute iniquité! Votre misère m'afflige; mais chacun doit songer à soi dans ces temps mauvais : qui sait combien ils dureront?

Le pauvre père se tut, et, le cœur plein d'angoisse, il s'en retournait lentement chez lui, lorsqu'il rencontra l'autre voisin moins riche. Celui-ci, le voyant pensif et triste, lui dit : « Qu'avez-vous? Il y a des soucis sur votre front et des larmes dans vos yeux. »

Et le père, d'une voix altérée, lui exposa son infortune.

Quand il eut achevé : « Pourquoi, lui dit l'autre, vous désoler de la sorte? Ne sommes-nous pas frères? Et comment pourrais-je délaisser mon frère en sa détresse? Venez, et nous partagerons ce que j'ai en ma possession. »

La famille qui souffrait fut ainsi soulagée jusqu'à ce qu'elle pût elle-même pourvoir à ses besoins.

(LAMENNAIS.)

Questionnaire. — 1. Quelle était d'abord la situation de l'homme de labeur et que fut-elle ensuite? — 2. A qui alla s'adresser le pauvre père dépourvu de ressources? — 3. Quelle fut la réponse de ce voisin? — 4. Qui rencontra-t-il en retournant chez lui, désespéré? — 5. De quels sentiments fut animé et que lui dit cet autre voisin? — 6. Qu'en résulta-t-il pour le pauvre père et sa famille? — 7. De ces deux voisins, lequel a accompli tout son devoir? — 8. Suffit-il d'être juste? — 9. Que faut-il être encore?

MAXIMES.

Ne fais de tort à personne et fais du bien à tout le monde.

Être honnête homme, c'est bien; être homme de bien, c'est mieux.

RÉSUMÉ.

L'homme vivant en société a des devoirs à remplir envers ses semblables, comme il en a envers lui-même. Ces devoirs peuvent se résumer en deux mots : justice et charité.

Je serai juste envers les autres en m'abstenant de leur faire du mal; je serai charitable en leur faisant le plus de bien possible.

RÉCITATIONS

1. — L'écureuil blessé.

Un écureuil blessé, sur le bord du chemin,
Appelait au secours et soupirait en vain.
Un de ses frères passe et le regarde à peine.
Le malheureux allait périr de faim,
Quand un loir, sautillant sur les branches d'un chêne,
Entend sa plainte : vite, il lui porte des glands,
S'assied à ses côtés et lui lèche sa plaie.

La pauvre bête, consolée,
Sent renaître la force en ses membres tremblants,
Se relève bientôt et rejoint sa famille,
Qui pleurait son absence au fond d'une charmille.
Le cœur, et non le sang, fait la fraternité;
C'est en lui qu'est ta source, ô sainte charité!

(**Frédéric Bataille**, *les Fables de l'école et de la jeunesse*[1].)

---

2. — Les deux voyageurs.

Le compère Thomas et son ami Lubin
Allaient à pied tous deux à la ville prochaine.
Thomas trouve sur son chemin
Une bourse de louis pleine;
Il l'empoche aussitôt. Lubin, d'un air content,
Lui dit : « Pour nous, la bonne aubaine!
— Non, répond Thomas froidement,
Pour nous n'est pas bien dit; pour moi, c'est différent. »
Lubin ne souffle plus; mais, en quittant la plaine,
Ils trouvent des voleurs cachés au bois voisin.
Thomas, tremblant et non sans cause,
Dit : « Nous sommes perdus! — Non, lui répond Lubin.
Nous n'est pas le vrai mot; mais toi, c'est autre chose. »
Cela dit, il s'échappe à travers le taillis.
Immobile de peur, Thomas est bientôt pris :
Il tire la bourse et la donne.
Qui ne songe qu'à soi quand sa fortune est bonne
Dans le malheur n'a point d'amis.

(**Florian**, *Fables.*)

---

3. — Le colimaçon.

Sans amis, comme sans famille,
Ici-bas vivre en étranger;
Se retirer dans sa coquille
Au signal du moindre danger;

S'aimer d'une amitié sans bornes;
De soi seul emplir sa maison;
En sortir, suivant la saison,
Pour faire à son prochain les cornes;

Signaler ses pas destructeurs
Par les traces les plus impures;
Outrager les plus tendres fleurs
Par ses baisers ou ses morsures;
Enfin chez soi, comme en prison,
Vieillir de jour en jour plus triste,
C'est l'histoire de l'égoïste
Et celle du colimaçon.

(ARNAULT.)

48e LEÇON. — Respect de la vie.

LECTURE.

1. — Les vases du Japon.

Un empereur du Japon avait rassemblé dans son palais vingt vases de porcelaine, les plus beaux qui fussent alors dans tout son empire.

Or il arriva qu'un de ses officiers en brisa un par mégarde. Le prince entra dans une violente colère et ordonna que le coupable fût mis à mort.

Le lendemain, au moment où la sentence allait être exécutée, un vieux brahmane qui marchait péniblement à l'aide d'un bâton se présenta dans le palais. « Seigneur, dit-il, je possède un secret pour réparer le vase brisé. Faites-moi conduire dans la salle où se trouve votre riche collection. »

Sa demande est exaucée; mais à peine est-il en présence des dix-neuf vases qui restaient, que, d'un coup violent de son bâton, il les renverse tous sur le sol, où ils se brisent en mille pièces. « Misérable, qu'as-tu fait? s'écrie l'empereur, saisi d'indignation. — J'ai fait mon devoir, répond tranquillement le brahmane. Chacun de ces vases aurait pu coûter la vie à un de vos sujets. Qu'il vous suffise de prendre la mienne. »

Le prince fut frappé de la sagesse de ces paroles et de la fermeté avec laquelle elles avaient été prononcées: « Vieillard, dit-il, tu as raison; tous ces vases dorés sont moins précieux que la vie d'une créature humaine. » Et il fit grâce tout à la fois au maladroit officier et au courageux brahmane.

(BLANCHET.)

Questionnaire. — 1. Qu'avait rassemblé dans son palais un empereur du Japon? — 2. Quel châtiment devait subir un officier qui avait cassé un vase, par mégarde? — 3. Quelle démarche fit alors un vieux brahmane et que se passa-t-il lorsqu'on l'eut introduit dans la salle où se trouvait la riche collection? — 4. Quelle fut sa réponse à l'empereur indigné? — 5. Que dit celui-ci, frappé cependant par la sage et ferme réponse du vieillard, et quelle fut sa décision à l'égard de l'officier et du brahmane? — 6. Quel respect doit-on, en effet, professer pour la vie d'autrui?

MAXIMES.

Ne levez jamais la main sur votre semblable.

Ne fermez pas le poing pour battre, mais ouvrez la main pour secourir.

Toutes les autres pertes peuvent se réparer; celle de la vie est irréparable.

Tuer son semblable est le plus affreux des crimes.

RÉSUMÉ.

La vie de notre prochain doit être sacrée pour nous. Il n'est permis de donner la mort que dans le cas de guerre ou lorsqu'on défend sa vie contre des malfaiteurs.

Je veux m'habituer dès maintenant à respecter la personne humaine en évitant de me battre et en me gardant de toute brutalité sur des camarades.

RÉCITATIONS.

1. — Grandeur d'âme d'un nègre.

Plusieurs nègres marrons avaient été pris, et il n'y avait point de bourreau pour les exécuter. On promit la vie à celui d'entre eux qui consentirait à supplicier ses camarades, c'est-à-dire au plus méchant. Aucun n'acceptant la proposition, un colon ordonna à un de ses nègres de les pendre, sous peine d'être pendu lui-même. Ce nègre demande à passer un moment dans sa cabane, comme pour se préparer à obéir à l'ordre qu'il a reçu; là, il saisit une hache, s'abat le poignet, reparaît et, présentant à son maître un bras mutilé dont le sang ruisselait : « A présent, lui dit-il, fais-moi pendre mes camarades. »

(DIDEROT.)

---

2. — L'humanité après le combat.

Il y avait eu un combat; le soir, deux blessés se trouvèrent étendus côte à côte sur le champ de bataille; on n'avait pas eu le temps de les relever. L'un était un Français, l'autre était un Russe. Ils souffraient cruellement; ils essayèrent de se parler, et, s'ils ne se comprirent pas beaucoup, ils se témoignèrent du moins de l'amitié, ce qui adoucit leurs maux. La nuit vint. Un des deux s'endormit ; le matin, quand il se réveilla, il vit sur lui un manteau qu'il ne connaissait pas. Il chercha son voisin ; celui-ci était mort, et, au moment de mourir, il avait ôté son manteau et l'avait étendu sur son compagnon de misère. Savez-vous quel est celui qui a fait cela ? Je le vois dans vos yeux, vous avez envie que ce soit le Français. Eh bien, soyez contents c'était le Français.

ERNEST BERSOT, *Conseils d'enseignement, de philosophie et de politique*[1].)

49e LEÇON. — Respect de la liberté.

LECTURE.

1. — Rémi vendu par Barberin.

« C'est cet enfant-là qui vous gêne ? dit signor Vitalis avec un accent étranger.

— Lui-même. »

Quittant sa chaise, il vint en face de Barberin. Qu'allait-il dire ? Qu'allait-il se passer ?

1. HACHETTE ET Cie, éditeurs.

Je l'avais suivi des yeux avec une émotion cruelle.

« Ce que vous voulez, n'est-ce pas, dit-il, c'est que cet enfant ne mange pas plus longtemps votre pain.

— Juste; parce que...

— S'il en est ainsi, donnez-le-moi; je m'en charge.

— Vous le donner!

— Dame! ne voulez-vous pas vous en débarrasser?

— Vous donner un enfant comme celui-là, un si bel enfant! car il est bel enfant, regardez-le.

— Je l'ai regardé.

— Rémi, viens ici. »

Je m'approchai de la table en tremblant.

— Allons, n'aie pas peur, petit, dit le vieillard.

— Regardez, continua Barberin.

— Je ne dis pas que c'est un vilain enfant. Si c'était un vilain enfant, je n'en voudrais pas; les monstres, ce n'est pas mon affaire.

— Il est bon pour travailler.

— Il est bien faible. »

Barberin releva mon pantalon.

« Trop mince, dit le vieillard.

— Et ses bras? continua Barberin.

— Les bras sont comme les jambes; ça peut aller, mais ça ne résisterait pas à la fatigue et à la misère.

— Lui, ne pas résister! mais tâtez donc, voyez, tâtez vous-même. »

Le vieillard passa sa main décharnée sur mes jambes en les palpant, secouant la tête et faisant la moue.

J'avais déjà assisté à une scène semblable quand le marchand était venu pour acheter notre vache. Lui aussi l'avait tâtée et palpée. Lui aussi avait secoué la tête et fait la moue : ce n'était pas une bonne vache, il lui serait impossible de la revendre, et cependant il l'avait achetée, puis emmenée.

Le vieillard allait-il m'acheter et m'emmener? ah! mère Barberin, mère Barberin!

Malheureusement, elle n'était pas là pour me défendre..

(D'après Hector Malot [1].)

1. *Capi et sa troupe*, épisode extrait de *Sans famille*. Hachette et Cie, éditeurs.

Questionnaire. — 1. Pourquoi Barberin avait-il conduit le jeune Rémi à la ville voisine? — 2. Que lui proposa le signor Vitalis? — 3. Barberin accepta-t-il? — 4. Quel débat s'établit-il alors sur la valeur de l'enfant à vendre? — 5. Quelles cruelles appréhensions torturaient l'infortuné Rémi? — 6. De quoi avait-il été témoin déjà chez la mère Barberin? — 7. A qui pense-t-il dans son malheur suprême? — 8. Est-ce un grand bien que la liberté? — 9. A-t-on le droit de la ravir à autrui?

MAXIMES.

Il n'y a pas de trésor qui vaille la liberté.

La liberté est pour l'homme son vrai titre de noblesse.

Si tu renonces à ta liberté, tu n'es plus un homme, mais un esclave.

RÉSUMÉ.

Je respecterai la liberté des autres comme je veux que la mienne soit respectée. Je ne chercherai pas à contraindre mes camarades à faire, malgré eux, ce qu'ils ne veulent pas faire. Si je suis patron, j'éviterai de peser sur la vie privée ou les opinions de mes ouvriers. Si je suis ouvrier, je respecterai la liberté de travail de mes camarades.

Enfant, je n'oublierai pas que je ne puis jouir d'une liberté complète, et que j'ai besoin d'être guidé par mes parents.

RÉCITATIONS.

1. — L'enfant et l'oiseau.

« Petit oiseau, dit l'enfant,
Vois cette cage dorée
Que pour toi j'ai préparée;
Est-il séjour plus charmant?

Tapis de fleurs, lit de mousse,
Millet sec et mouron frais,
Rien n'y manque!... que d'attraits!
Que ta vie y sera douce!

— Petit enfant, dit l'oiseau,
A la plus riche des cages
Je préfère mes bocages
Et le plus humble arbrisseau.

Rien n'excite mon envie
Dans ton palais enchanté;
J'y perdrais la liberté :
La liberté, c'est la vie! »

(ARNAULT.)

2. — Le tuteur.

« Délivrez-moi, disait une rose trémière
À sa petite jardinière,
De cette perche auprès de moi
Qui me gêne et me nuit, qui m'étouffe et me blesse!
— Je te l'ai mise exprès pour garder ta faiblesse.
— Me garder vraiment et de quoi?
'e me tiens toujours seule en parfait équilibre;
Je suis grande et veux être libre! »
La jardinière enleva le tuteur.
Arrive un coup de vent : il emporte la fleur.

Songez-y, mes enfants, s'il vous prenait envie
D'échapper à la main qui fait votre soutien.
C'est un bien grand malheur pour l'enfance et la vie
Que de n'être tenu par rien.

(LOUIS RATISBONNE.)

3. — Le jeune mouton.

« Allons, allons, vous vous moquez de moi.
Être sans cesse à la lisière,
Comme un enfant! le beau plaisir, ma foi!
faut, au bout de tout, avoir l'âme un peu fière. »

Ainsi parlait un trop jeune mouton.
« Je suis dans l'âge de raison :
Qu'ai-je besoin qu'avec un ton de maître,
On vienne me dire : Allez là;
Buvez ceci, mangez cela!
Je sais ce qu'il me faut, peut-être!
Voyez ce beau berger, son bâton à la main,
Planté là, toujours prêt à battre;
Sait-il mieux que nous le chemin?
Qu'a-t-il de plus? Deux pieds? Moi, j'en ai quatre.
Oh! c'est surtout ce maudit chien
Qui m'effraye : il ne se passe rien
Qu'il n'y fourre son nez; sont-ce là ses affaires?
De quoi se mêlent-ils tous deux? ils sont plaisants.
Il faut laisser libres les gens.
Cette façon de vivre ne me convient guère,
Et sûrement j'en changerai
Au plus tôt, ou je ne pourrai. »
En effet, un beau jour d'automne,
Il s'esquiva dès le matin,
Sans prendre congé de personne.
Le voilà maître du terrain!
Dieu sait alors comme il s'en donne!
De tous côtés, il va broutant,
Gambadant, courant et trottant.

« Ah! bon! je suis mon maître, et, si l'on m'y rattrape,
Que ce repas, dit-il, soit mon dernier repas!
Siffle, berger, et toi, chien, jappe;
Je m'en moque à présent : je ne vous entends pas. »

Comme il parlait encore, un loup survient, le happe,
Le charge sur son dos et s'enfuit à grands pas.

(IMBERT.)

50e LEÇON. — Respect de la propriété.

LECTURE

1. — Grand Dieu! des gendarmes!...

Un jour, Clarisse était assise, seule, sur le bord d'un fossé. Il faisait chaud, le soleil était ardent et la petite fille avait soif. En retournant la tête, elle aperçut, non loin d'elle, un cep de vigne où pendaient des raisins magnifiques. Elle se lève pour aller en cueillir une grappe, mais aussitôt elle réfléchit que cette vigne n'est pas à ses parents et qu'alors il ne lui est pas permis d'y toucher; elle se rassied. Au bout de quelques minutes, ses yeux se reportent sur les raisins, la tentation recommence. Aussi elle aurait dû s'en aller.

Clarisse se lève de nouveau, fait quelques pas, regarde à droite et à gauche, pour s'assurer que personne ne la voit, cueille le raisin et le mange. A peine a-t-elle mis le dernier grain dans sa bouche, qu'elle a des remords affreux. Elle regrette amèrement sa mauvaise action, elle s'adresse des reproches, elle se dit qu'elle est une voleuse et que tout le monde va s'en apercevoir.

Elle s'en retourne à la maison, la tête basse et l'air triste: on ne peut pas être gai quand on n'a pas la conscience en paix. Le soir de ce même jour, la petite maraudeuse était assise, à côté de sa mère, à la porte de leur demeure. Elle retourne la tête et s'écrie tout à coup : « Grand Dieu! voici des gendarmes! »

C'étaient en effet deux gendarmes qui passaient. Clarisse, en les apercevant, ne doute pas qu'ils ne viennent l'enlever pour la conduire en prison; éperdue, elle se lève, fait un pas et tombe évanouie dans les bras de sa mère...

Lorsqu'elle revint à elle, les gendarmes étaient bien loin,

et la pauvre petite était guérie à tout jamais de deux grands défauts : la gourmandise et le vol.

(Mlle Clarisse Juranville, *le Deuxième Livre des petites filles* [1].)

Questionnaire. — 1. Quelle fut la tentation de la jeune Clarisse, un jour qu'il faisait chaud, en voyant un cep chargé de raisins ? — 2. Pourquoi n'en prit-elle pas tout d'abord ? — 3. Qu'aurait-elle dû faire, et que fit-elle, au contraire ? — 4. Quel sentiment éprouva-t-elle et que se dit-elle, après avoir commis sa mauvaise action ? — 5. Pourquoi était-elle toute triste en rentrant à sa maison ? — 6. Que se passa-t-il le même soir, et quelle fut la terrible frayeur de la maraudeuse en apercevant des gendarmes ? — 7. De quoi fut à jamais guérie cette pauvre jeune fille ? — 8. Quelle résolution vous suggère cette histoire ?

MAXIMES.

Entre ton bien et celui d'autrui qu'il y ait toujours une muraille.

Bien mal acquis ne profite jamais.

S'approprier un objet qu'on a trouvé, c'est voler.

RÉSUMÉ.

Je respecterai le bien d'autrui, car ce bien est le fruit de son travail ou du travail de ceux qui le lui ont transmis

1. Hollier-Larousse et Cie, éditeurs.

Je ne toucherai jamais à ce qui ne m'appartient pas; je ne ferai aucun profit malhonnête et je me garderai même du plus petit larcin, car les petits vols conduisent aux grands et les voleurs deviennent souvent des criminels.

RÉCITATIONS.

1. — La souris voleuse.

Demoiselle Souris voit, au fond d'une armoire,
Briller un morceau de lard,

Et l'espiègle se fait gloire
De croquer ce morceau offert par le hasard.
Elle entre; mais l'armoire est une souricière
Qui la tient prisonnière :
Voilà souvent comment est volé le voleur.

(Lachambeaudie.)

2. — Les voleurs et l'âne.

Pour un âne enlevé deux voleurs se battaient :
L'un voulait le garder, l'autre le voulait vendre.
Tandis que coups de poing trottaient
Et que nos champions songeaient à se défendre,
Arrive un troisième larron
Qui saisit maître Aliboron.

(La Fontaine, *Fables*.)

3. — Les souliers.

Conrad était un jeune chevrier gagnant un salaire si modique qu'il ne pouvait pas même s'acheter une paire de souliers. Il souffrait cruellement, car la saison était pluvieuse et glaciale. Un jour, il vit sortir de la forêt un homme de mauvaise mine, qu'il reconnut pour un des voleurs les plus redoutables du pays.

« Mon métier est lucratif, lui dit cet homme. Si tu veux me suivre, je t'offre une bonne paire de souliers neufs. » Mais Conrad répondit : « J'aime mieux me salir les pieds dans la fange que de souiller mon âme par le crime. »

(SCHMID.)

4. — Le sou perdu.

On raconte qu'un homme riche, cheminant un jour par la ville, rencontra un enfant qui semblait chercher un objet perdu et qui pleurait.

« Qu'as-tu donc, mon enfant? lui dit-il.

— Ah! monsieur, ma mère m'avait donné un sou pour acheter un cahier; je l'ai perdu et je ne puis le retrouver.

— Eh bien, mon petit, ton malheur est réparable : tiens, voilà un autre sou; ne pleure plus. »

Cela dit, il s'éloigna; mais, à cinquante pas de là, il entendit courir derrière lui : c'était l'enfant. « Monsieur, lui dit-il tout joyeux, j'ai retrouvé mon sou, je vous rends le vôtre.

— C'est bien, mon enfant; tu ne veux pas d'aumône et tu as raison. Conserve toujours cette délicatesse, et toujours on t'estimera. »

(ALLOU, *Cours de morale et Notions d'enseignement civique* [1].)

51e LEÇON. — Respect de l'honneur et de la réputation d'autrui.

LECTURE.

1 — Le voyageur et le chien.

Un voyageur passait à cheval dans un bois; un chien qui

dormait sur la route fut réveillé en sursaut par le bruit et se mit aussitôt à aboyer, à sauter autour du cheval, à lui

1. Un volume in-12, cartonné. 1 fr. 25. CHARLES DELAGRAVE, éditeur.

mordiller les jarrets. Le cheval prit le galop. Le voyageur, furieux de cette rencontre, dit au chien, qui s'amusait à courir à sa suite : « Je n'ai pas d'arme à la main pour me débarrasser de toi ; mais j'ai dans la bouche un excellent moyen de vengeance assuré. »

Lorsqu'ils furent arrivés au bourg, le voyageur crie : « Au chien enragé ! » A ce cri, les habitants sortirent de leurs maisons avec des bâtons, des fourches, des fusils, et le pauvre chien fut immédiatement assommé.

L'arme dont le voyageur s'était servi, c'est la calomnie, qui tue parfois plus sûrement qu'une arme à feu.

(Jules Steeg.)

Questionnaire. — 1. Qu'arriva-t-il, un jour, à un voyageur qui passait dans un bois ? — 2. Que résolut-il à l'égard du chien, qui s'amusait à courir à sa suite ? — 3. Comment mit-il son projet à exécution, lorsqu'ils furent arrivés au bourg ? — 4. Que firent les habitants et quel fut le sort du pauvre chien ? — 5. De quelle arme s'était servi contre lui le voyageur ? — 6. Quels peuvent être les terribles effets de la calomnie ?

MAXIMES.

Ne dites jamais du mal des autres et tâchez de vous améliorer vous-mêmes.

Surveillons notre langue : un coup de langue est pire qu'un coup de lance.

L'honnête homme tient plus à l'estime des autres qu'à l'argent.

RÉSUMÉ.

Dire du mal qui est faux, dans l'intention de nuire, c'est de la calomnie ; dire du mal qui est vrai, sans nécessité, c'est de la médisance.

Je ne serai ni médisant ni calomniateur. Je veillerai sur mes paroles, et j'éviterai soigneusement

tout ce qui pourrait faire perdre la bonne réputation d'autrui.

Au lieu de dire du mal des autres, je préférerai me conduire de façon que l'on n'ait que du bien à dire de moi.

RÉCITATIONS.

1. — Le matou calomniateur.

La belette étrangle un poussin.
Un matou dit : « Je connais l'assassin :

C'est le roquet de la fermière.
Au point du jour, je suivais la gouttière,
Quand je l'ai vu sortir du poulailler. »
Toutes les bêtes du quartier
Répandent aussitôt la nouvelle du crime.
Sans preuves, sur ces mots, le chien est arrêté.
Malgré son avocat, il fut exécuté,
Tandis qu'au chat le juge accordait une prime.
L'infâme calomnie ainsi tue en passant,
Et de traits meurtriers va frapper l'innocent.

(FRÉDÉRIC BATAILLE, *les Fables de l'école et de la jeunesse*[1].)

1. PAUL DUPONT, éditeur.

2. — L'Eau, le Feu et la Réputation.

Apologue.

Un jour, l'Eau, le Feu et la Réputation, devant voyager ensemble, délibérèrent comment ils pourraient se retrouver, en cas qu'ils vinssent à se perdre.

Le Feu dit : « Vous me trouverez où vous verrez de la fumée. »

L'Eau dit : « Où vous verrez des lieux marécageux.

— Et vous, dit-on à la Réputation, où vous retrouvera-t-on ?

— Moi, répondit celle-ci, quand une fois on m'a perdue, on ne me retrouve jamais plus. »

3 — La pie et le ramier.

« Pourquoi donc, disait une pie
A son voisin, le doux ramier,
Qui roucoulait sur un pommier,
Pourquoi, même en ma sœur, n'ai-je pas une amie?
Chacun me hait, chacun me fuit,
La malédiction en tous lieux me poursuit.
Tandis que le passant t'adresse sa louange,
Il me jette des quolibets
Et des mots de mépris ramassés dans la fange.
— C'est que je ne médis jamais,
Lui répond l'honnête colombe;
J'ai pitié du malheur et je plains ce qui tombe;
Ma vie est dans l'amour, mon bonheur dans la paix.

Et l'on ne dit jamais de moi : « Quelle commère!
C'est une langue de vipère. »
Qui veut qu'on parle bien de lui
Ne dit jamais de mal d'autrui.

(FRÉDÉRIC BATAILLE, *les Fables de l'école et de la jeunesse*[1].)

52e LEÇON. — Respect des opinions et des croyances d'autrui.

(LA TOLÉRANCE.)

LECTURE.

1. — Le massacre de Vassy.

En 1561, la petite ville de Vassy, en Champagne, s'était presque tout entière convertie au protestantisme. Cette nouvelle transporta de fureur le duc François de Guise : ce prince était catholique, et n'entendait pas qu'un de ses sujets fût d'une religion différente. Il résolut de châtier les gens de Vassy.

Le 1er mars 1562, jour de dimanche, il rassembla ses domestiques armés, et, en outre, deux cents fusiliers ou arquebusiers, comme on disait alors, et marcha sur Vassy. Les protestants, au nombre de douze cents, étaient assemblés dans une grange qui leur servait d'église. Ce fut de ce côté que le duc de Guise se dirigea avec sa troupe.

Arrivé à vingt-cinq pas, il fit tirer aux fenêtres de la grange deux coups d'arquebuse. Les protestants, déjà habitués à être persécutés, comprirent aussitôt ce qu'on leur voulait. Ceux qui étaient près de la porte voulurent la fermer, mais ils ne le purent pas. Les gens du duc, l'épée a poing, entrèrent comme un orage, en criant : « Tue!.. tue!... à mort! »

La tuerie commença en effet aussitôt. Les protestants étaient sans armes et ne résistaient pas; quelques-uns tâchaient de s'enfuir par le toit. Le duc excitait son monde

1. PAUL DUPONT, éditeur.

contre eux et criait : « A bas, canailles! » Un de ses domestiques se vantait d'avoir à lui seul fusillé six de ces pigeons. Le massacre dura pendant une heure : on tua les femmes et les enfants, comme les hommes. Quand on s'arrêta, il y avait soixante cadavres. Les blessés étaient innombrables.

(A. BURDEAU, *l'Instruction morale à l'école* [1].)

Questionnaire. — 1. Pourquoi la ville de Vassy s'était-elle attiré le ressentiment du duc de Guise? — 2. Que résolut celui-ci et comment mit-il son projet à exécution, le 1ᵉʳ mars 1562? — 3. Où se trouvaient, ce jour-là, les protestants? — 4. De quel côté se dirigea Guise avec sa troupe? — 5. Quel ordre donna-t-il, arrivé à peu de distance des protestants? — 6. Que firent ceux-ci? — 7. Comment les catholiques firent-ils irruption dans la grange, et que criait le duc en les excitant? — 8. De quoi se vantait un de ses domestiques? — 9. Combien de temps dura le massacre? — 10. Quel fut le sort des femmes et des enfants? — 11. Quand le massacre fut terminé, combien comptait-on de cadavres et de blessés? — 12. Que penser de l'intolérance, puisqu'elle peut amener de pareilles scènes de sauvagerie?

MAXIMES.

Respecte les opinions d'autrui, si tu veux qu'on respecte les tiennes.

Se croire toujours plus éclairé que les autres, c'est faire preuve de sottise.

Savoir supporter la contradiction et agir par persuasion, c'est le propre des esprits bons et généreux.

L'intolérance a causé bien des crimes.

RÉSUMÉ.

Je serai tolérant à l'égard de mes semblables. Je respecterai leurs croyances, leurs opinions, leurs

1. ALCIDE PICARD ET KAAN, éditeurs.

sentiments, et je n'aurai point de haine pour ceux qui ne penseront pas comme moi.

Je serai indulgent pour les autres et saurai souffrir la contradiction, sachant que nul n'est sûr de ne point se tromper.

RÉCITATIONS.

1. — Tolérance.

O mes amis! nous n'avons pas un cœur pour nous haïr et des mains pour nous déchirer. Que les petites différences entre les vêtements qui couvrent nos débiles corps, entre tous nos usages, entre toutes nos opinions, ne soient pas des signaux de haine et de persécution.

Puissent tous les hommes se souvenir qu'ils sont frères!

(Voltaire.)

---

2. — Sois tolérant.

Souffre sans murmurer tous les défauts des autres,
Pour grands qu'ils se puissent offrir,
Et songe qu'en effet nous avons tous les nôtres,
Dont ils ont à leur tour encor plus à souffrir.

Aucun n'est sans défaut, aucun n'est sans faiblesse,
Aucun n'est sans besoin d'appui,
Aucun n'est sage assez de sa propre sagesse,
Aucun n'est assez fort pour se passer d'autrui.

(Corneille.)

JUIN

XI. — DEVOIRS DE CHARITÉ

53e LEÇON. — Charité, bienfaisance.

LECTURE.

1. — Chauds, les marrons, chauds!

On était en décembre; sur la place, à travers le brouillard épais et froid, on voyait briller du feu : c'était le fourneau du marchand de marrons, et l'on entendait sa voix : « Chauds, là, les marrons, chauds, tout chauds! »

Les passants s'arrêtaient, jetaient leur sou sur la planche, fourraient les marrons dans leur poche et se sauvaient en les croquant.

Devant le fourneau se tient un petit garçon.

Faute d'un sou, d'un petit sou, ne pouvant acheter, il se chauffe et regarde.

Qu'ils sont beaux, les marrons! et qu'ils sont appétissants! A travers la fente de la coque on voit la chair blanche; et quelle odeur! quelle bonne odeur! Et le feu flambe, la poêle chante, les marrons grillent et craquent, le marchand les retourne et les roule. Chauds, chauds, les marrons!

Pauvre petit garçon!

Survient un autre enfant de l'école voisine; il a l'air gai, la figure ouverte; il pouvait bien avoir dix ans.

Brrr, brrr, deux sous de marrons, » dit-il en jetant ses deux sous; et, pendant que le marchand plonge sa main dans la poêle et retire les marrons, il regarde le petit Jules, qui suivait les mouvements du marchand et mangeait les marrons des yeux en poussant un soupir.

Charles (c'était son nom), Charles a compris; il prend le sac tout chaud, fait semblant de partir puis il revient tout doucement, et, dans la poche de Jules, qui bâillait comme si elle avait faim, vite, vite, il verse la moitié de son sac et se sauve à toutes jambes, comme s'il avait commis un vol.

A la chaleur des marrons, le petit Jules se retourna ; mais Charles était déjà loin, perdu dans le brouillard.

Le marchand avait tout vu; sa figure noire s'éclaira d'un sourire. Quoiqu'il fût peu généreux, étant marchand de son métier, il fut pris d'un bon mouvement et, saisissant une poignée de marrons dans la poêle, il remplit l'autre poche du petit garçon. Si Jules était content, vous pouvez m'en croire.

Ce que c'est pourtant que le bon exemple donné par un enfant! il gagne jusqu'aux hommes.

(A. VESSIOT, *Pour nos enfants* [1].)

Questionnaire. — 1. Que voyait-on briller, sur la place, à travers le brouillard épais et froid? — 2. Que faisaient les passants? — 3. Que fait un pauvre petit garçon qui, faute d'un sou, ne peut acheter des marrons? — 4. Qu'est-ce qui aiguise son désir et sa souffrance? — 5. Qui survient alors? — 6. Que remarque le jeune Charles? — 7. De quelle façon délicate il par-

1. LECÈNE, OUDIN ET Cie, éditeurs.

tage ses marrons avec le malheureux Jules. — 8. Quel sentiment éprouva alors le marchand de marrons et que fit-il à son tour? — 9. Quel fut le bonheur du petit Jules, ainsi comblé? — 10. Ne doit-on pas, à toute occasion, pratiquer la bienfaisance et la charité?

MAXIMES.

Selon nos moyens, venons en aide aux malheureux.

Donner de son argent au pauvre, c'est très bien... Donner son cœur, voilà la charité suprême.

Fais à autrui ce que tu voudrais qu'on te fît à toi-même.

RÉSUMÉ.

La charité est l'amour du prochain. Elle consiste à secourir, à soulager les malheureux.

J'aimerai mon prochain de tout mon cœur, et le soulagerai dans sa misère ou ses souffrances. Je l'aiderai de mes ressources, si je peux, et de mes bras, s'il est faible et malade.

Je le consolerai dans le malheur, je l'encouragerai et le soutiendrai.

RÉCITATIONS.

1. — La petite fille et les petits oiseaux.

Il ne cessait de neiger,
Depuis huit jours déjà la terre était couverte,
Et les petits oiseaux, n'ayant rien à manger,
Piaulaient de faim. Le cœur de Berthe
N'y tenant plus, soir et matin,
On la voyait de sa petite main
Près d'un mur balayer la terre,
Puis déposer quelques miettes de pain.

« Que fais-tu là ? lui dit un jour son père;
Tu ne dois point sortir par ce froid rigoureux.

— Je fais, répond l'enfant, ce que je vous vois faire :
Je viens en aide aux malheureux. »

(P. B. des Valades.)

2. — Petit Jean.

En allant à l'école, il rencontre en chemin
Un bon vieux tout tremblant, qui, son bâton en main,
Allait chantant d'une voix triste;
Car la misère, hélas ! fait que les malheureux
Souvent chantent pour nous quand ils pleurent sur eux.
Or petit Jean n'est pas un égoïste;
Il voudrait bien donner quelque chose au vieillard;
Mais petit Jean n'a pas un liard...

« J'ai goûté, se dit-il, d'un pain et d'une pomme;
Mais lui, qui sait s'il a déjeuné, ce pauvre homme?
Comme il tremble! comme il est vieux!
Comme il marche avec peine! Il ressemble à grand-père. »
A cette idée enfin, Jean, qui se désespère,
Essuie, avec sa manche en lustrine, ses yeux.
Tout à coup petit Jean part à toute vitesse,
Aborde le vieux et se baisse.
Le vieillard, tout surpris, disait : « Que faites-vous? »
Mais petit Jean est à genoux :
Il renoue un cordon de la pauvre chaussure!

Le vieux, dont la marche est peu sûre,
Aurait pu tomber, en effet,
S'il avait mis le pied sur le cordon défait.
Petit Jean, que je te bénisse!
Que ta mère se réjouisse!
Un riche peut donner de l'or;
Toi, tu donnes ton cœur : c'est le plus beau trésor.

(Jean Aicard, *le Livre des petits* [1].)

1. Un volume in-12, cartonné, 1 fr 25. Charles Delagrave, éditeur.

54ᵉ LEÇON. — Bonté, fraternité.

LECTURES.

1. — Trait de bonté.

Mme Geoffrin avait commandé deux vases de marbre au célèbre Bouchardon. Deux ouvriers les lui apportent. Elle s'aperçoit que l'un des couvercles était cassé : « Hélas ! oui, Madame, lui dirent les ouvriers, et notre camarade à qui ce malheur est arrivé en est si fâché, qu'il n'a pas osé en parler; car si le maître a connaissance de sa maladresse, il le renverra, et c'est un homme qui a une nombreuse famille. — Allons, allons, dit Mme Geoffrin, voilà qui est bien; je n'en parlerai pas, et qu'il soit tranquille. » Quand les ouvriers furent partis, elle se dit en elle-même : « Ce pauvre homme a eu bien de l'inquiétude et du chagrin; il faut que je l'envoie consoler. » Elle appelle un de ses gens : « Allez chez M. Bouchardon; vous demanderez un tel, vous lui donnerez ces douze livres, et trois livres à ses camarades qui m'ont si bien parlé de lui. »

(DUCLOS.)

Questionnaire. — 1. De quoi s'aperçut Mme Geoffrin, lorsque les ouvriers lui apportèrent les vases de marbre qu'elle avait commandés ? — 2. Quels renseignements lui donnèrent ces ouvriers sur le compte de leur camarade ? — 3. Quelle assurance leur donna Mme Geoffrin ? — 4. Que se dit-elle, lorsque les ouvriers furent partis ? — 5. De quoi chargea-t-elle un de ses domestiques ? — 6. A quel sentiment avait-elle obéi ? — 7. Ne voudriez-vous pas agir de même ?

2. — Fraternité.

Une veuve indigente et malade se désolait en songeant à ses enfants : « Si je viens à leur manquer, disait-elle, comment pourront-ils subsister ? » Son voisin, homme pieux et sage, entendit ces plaintes, et voici ce qu'il lui raconta :

« Un jour, je vis dans un buisson une fauvette posée sur ses petits, qui n'avaient pas encore de plumes. Un milan s'abattit sur le nid et emporta la malheureuse mère.

« Pauvres oiseaux ! me dis-je, ils vont mourir de faim et de froid. » Le lendemain, je revins pour m'assurer de leur sort. Une autre fauvette était là, volant de son nid au leur, et leur portant la becquée. Vous le voyez, chère voisine, Dieu a enseigné aux animaux à s'aimer et à s'entr'aider : il ne voudra pas que vos enfants restent à l'abandon. »

La pauvre veuve comprit, et le courage lui revint avec l'espérance.

(Mme AMABLE TASTU.)

Questionnaire. — 1. Que disait la veuve indigente et malade qui se désolait en songeant à ses enfants? — 2. Par quel moyen ingénieux la rassura son bon voisin ? — 3. Que lui dit-il avoir vu dans un buisson? — 4. De quoi fut-il témoin le lendemain? — 5. Quel espoir suggéra-t-il ainsi à la pauvre veuve ? — 6. Celle-ci reprit-elle courage? — 7. Si les animaux s'entr'aident, que doivent donc faire les hommes?

Max

MAXIMES.

Aimons-nous, aidons-nous les uns les autres.
Les méchants n'ont point d'amis.
Aimez à faire plaisir.

RÉSUMÉ.

La bonté consiste à être agréable, à faire du bien, à rendre la vie plus douce à ceux qui nous entourent.

La fraternité est ce sentiment qui unit entre eux tous les Français et tous les hommes, qui les porte à se prêter assistance et à ne faire ensemble qu'une grande famille.

Je serai bon envers tous mes semblables et les considérerai comme des frères.

RÉCITATIONS.

1. — Le lion et le rat.

Il faut autant qu'on peut obliger tout le monde :
On a souvent besoin d'un plus petit que soi.
De cette vérité deux fables feront foi,
Tant la chose en preuves abonde.

Entre les pattes d'un lion
Un rat sortit de terre assez à l'étourdie.

Le roi des animaux, en cette occasion,
Montra ce qu'il était, et lui donna la vie.
Ce bienfait ne fut pas perdu.
Quelqu'un aurait-il jamais cru
Qu'un lion d'un rat eût affaire ?
Cependant il advint qu'au sortir des forêts
Ce lion fut pris dans des rets
Dont ses rugissements ne purent le défaire.
Sire rat accourut et fit tant par ses dents
Qu'une maille rongée emporta tout l'ouvrage.

Patience et longueur de temps
Font plus que force ni que rage.

(LA FONTAINE, *Fables*.)

2. — Le cheval et l'âne.

En ce monde, il se faut l'un l'autre secourir :
Si ton voisin vient à mourir,
C'est sur toi que le fardeau tombe.

Un âne accompagnait un cheval peu courtois,
Celui-ci ne portant que son simple harnois,
Et le pauvre baudet si chargé qu'il succombe.
Il pria le cheval de l'aider quelque peu :
Autrement, il mourrait devant qu'être à la ville.
« La prière, dit-il, n'en est pas incivile :
Moitié de ce fardeau ne vous sera que jeu. »
Le cheval refusa, fit une pétarade,
Tant qu'il vit sous le faix mourir son camarade,
Et reconnut qu'il avait tort.
Du baudet, en cette aventure,
On lui fit porter la voiture,
Et la peau par-dessus encor.

(La Fontaine, *Fables*.)

---

3. — Le liseron et le saule.

Une graine de liseron avait levé sous une haie touffue. La pauvre petite plante, privée d'air et de soleil, se traînait à terre et cherchait autour d'elle un appui : « Hélas ! disait-elle, si je pouvais m'élever un peu au-dessus de cette haie qui m'étouffe, je verrais le soleil et je pourrais fleurir ! Saule blanc aux feuilles élancées, veux-tu que je m'appuie sur toi ? » Le saule laisse pencher vers la terre un de ses rameaux flexibles. Le liseron s'y accroche, il y enroule sa petite tige frêle ; puis, du rameau, il s'élance aux grosses branches, pour les enlacer de ses guirlandes. Et, tout l'été, nous vîmes le saule paré de cent clochettes azurées, gracieusement suspendues à ses rameaux. De loin, on eût dit que ces fleurs étaient les siennes. L'un donnait son appui et l'autre sa beauté.

(Ch. Delon, *Lectures expliquées*[1].)

1. Hachette et Cie, éditeurs.

55e LEÇON. — La reconnaissance.

(L'INGRATITUDE.)

LECTURE.

1. — Reconnaissance de petit Pierre devenu grand.

A la fin du siècle dernier, une femme réduite à la gêne, après avoir été dans la splendeur et l'opulence, la duchesse de Choiseul, veuve d'un célèbre ministre du roi de France Louis XV, reçut un jour la visite d'un homme grand, de bonne mine, qui, la saluant avec respect, lui demanda si elle ne le reconnaissait pas. « Est-ce que vous ne vous souvenez pas, Madame la duchesse, lui dit-il, de petit Pierre qui, à Chanteloup[1], ramassait des cailloux sur les routes, et pour qui vous étiez si bonne, quand vous passiez, en le voyant plein de cœur à l'ouvrage? C'est moi qui suis ce petit Pierre. Vous m'avez demandé un jour ce qu'il faudrait pour que je pusse gagner ma vie; vous m'avez acheté un âne et une charrette: cela m'a porté bonheur. J'ai fait mon chemin. Je suis devenu entrepreneur de routes; je suis maintenant riche. Mais, Madame la duchesse, tout ce que j'ai vous appartient; on dit que vous n'êtes pas à l'aise : je viens vous rendre ce qui est à vous. »

Ce fut les larmes aux yeux que Mme de Choiseul raconta cette visite inattendue à celui qui l'a racontée après elle. L'anecdote fait honneur et à petit Pierre et à sa bienfaitrice.

(F.-L. Marcou, *les Lectures de l'école*, cours élémentaire[2].)

Questionnaire. — 1. Quelle visite reçut un jour la duchesse de Choiseul, réduite à la gêne, après avoir été dans l'opulence? — 2. Que faisait autrefois petit Pierre à Chanteloup? — 3. Quel service lui avait alors rendu la duchesse? — 4. Qu'est-il maintenant? — 5. Quels sentiments manifeste-t-il à l'égard de

---

1. Chanteloup, hameau du département d'Indre-et-Loire, où le duc de Choiseul avait un magnifique château.
2. Garnier frères, éditeurs.

Mme de Choiseul? — 6. Qu'éprouvait celle-ci en racontant ce bel acte de reconnaissance? — 7. Est-ce un devoir d'être reconnaissant?

MAXIMES.

Se souvenir toujours d'un bienfait, c'est montrer qu'on en était vraiment digne.

L'ingrat n'a pas de cœur.

RÉSUMÉ.

Je me montrerai toujours reconnaissant envers mes bienfaiteurs.

Si quelqu'un me fait du bien, me rend un service, je n'oublierai jamais ni le service ni la personne qui me l'aura rendu, et je chercherai l'occasion de lui faire du bien à mon tour.

Celui qui oublie les bienfaits reçus est un ingrat et ne mérite que le mépris.

RÉCITATIONS.

1. — Le loup et la cigogne.

Les loups mangent gloutonnement.
Un loup donc, étant de frairie,
Se pressa, dit-on, tellement
Qu'il en pensa perdre la vie :
Un os lui demeura bien avant au gosier.
De bonheur pour ce loup, qui ne pouvait crier,
Près de là passe une cigogne.
Il lui fait signe; elle accourt.
Voilà l'opératrice aussitôt en besogne.
Elle retira l'os; puis, pour un si bon tour,
Elle demanda son salaire.
« Votre salaire? dit le loup;
Vous riez, ma bonne commère!

Quoi ! ce n'est pas encor beaucoup
D'avoir de mon gosier retiré votre cou !
Allez, vous êtes une ingrate ;
Ne tombez jamais sous ma patte. »

(La Fontaine, *Fables*.)

2. — Le cantonnier.

Pendant un hiver rigoureux, Jean, le vieux cantonnier, était tombé malade. Comme il était seul et pauvre, il serait mort sans doute, s'il n'avait pas eu dans son voisinage une fermière charitable, qui vint à son secours et lui donna soins, médicaments et pitance.

Le pauvre homme se confondait en remerciements : « Ah ! ma bonne dame, disait-il, jamais je ne pourrai vous payer de ce que vous faites pour moi. — Qui sait, père Jean ? répondait la fermière. Attendez : l'occasion viendra peut-être. »

L'occasion vint en effet. A quelques mois de là, notre fermière se rendait au marché, conduisant elle-même sa voiture, lorsque tout à coup son cheval prit peur et s'emporta. Le père Jean, qui était alors sur la route à casser des cailloux, se jeta bravement à la tête de l'animal et parvint à le maîtriser. Il préserva ainsi sa bienfaitrice d'un horrible accident.

(Louis Liard, *Morale et Enseignement civique à l'usage des écoles primaires*[1].)

50e LEÇON. — Générosité, clémence.

LECTURE.

1. — Le bien pour le mal.

Un homme qui s'était enrichi par le travail prit le parti, arrivé à la vieillesse, de ne conserver que ce qui lui était

1. Léopold Cerf, éditeur.

nécessaire pour achever modestement ses jours dans le repos, et de distribuer sa fortune à ses trois fils. Le partage fait, il ajouta : « J'ai gardé un diamant d'un grand prix que je destine à celui d'entre vous qui l'aura mérité par une action généreuse. Allez, et revenez dans trois mois : chacun de vous me dira ce qu'il a fait pour penser être digne de cette récompense. »

Au terme fixé, les trois fils se présentèrent devant leur père.

« J'ai, dit l'aîné, reçu il y a trois mois un dépôt d'argent. La semaine dernière, il m'a été réclamé; je l'ai remis fidèlement à son propriétaire. — Mon fils, lui répondit son père, tu n'as fait que ton devoir. Tu aurais été un malhonnête homme si tu avais agi autrement. »

Le second dit : « Je passais près d'une rivière : j'y vis tomber un enfant. Je me jetai à l'eau et rendis l'enfant à sa mère. — Tu as obéi, dit le père, à un sentiment d'humanité naturel; tu as fait pour ton semblable ce que chacun eût pu faire comme toi. »

« Un jour, dit le plus jeune, je trouvai endormi au bord d'un précipice un homme qui me hait et qui m'a menacé de mort. Je le réveillai doucement et le tirai du danger. — Tu as fait du bien, dit le père, à qui te voulait du mal; tu as sauvé la vie à qui voulait ta mort. Le diamant est pour toi. »

(F.-L. Marcou, *les Lectures de l'école*, cours élémentaire[1].)

Questionnaire. — 1. Que résolut un homme qui s'était enrichi par le travail? — 2. Le partage fait entre ses trois fils, que leur dit-il au sujet d'un diamant d'un grand prix qu'il avait gardé? — 3. Au terme fixé, quel fut le récit de chacun des fils? — 4. Auquel des fils le diamant fut-il attribué et pour quelle raison? — 5. Devons-nous être généreux même à l'égard de nos ennemis?

MAXIMES.

Fais du bien à tes amis : ils t'aimeront davantage.
Fais du bien à tes ennemis : ils deviendront tes amis.

---

1. Garnier frères, éditeurs.

On trouve plus de joie dans le pardon que de plaisir dans la vengeance.

RÉSUMÉ.

Faire du bien à ceux qui ne nous ont fait ni bien ni mal, c'est être charitable. Rendre le bien pour le mal, c'est être généreux.

Je me montrerai généreux en n'abusant pas de ma force avec des camarades plus faibles que moi, bien que je sois injustement attaqué, en ne me vengeant pas d'une injure reçue, et en faisant du bien même à mes ennemis

RÉCITATIONS.

1. — Les deux petits voisins.

Un jour, en arrivant auprès d'un village, je vis un petit paysan qui en battait un autre infiniment plus grand et plus âgé que lui.

L'aîné de ces enfants se contentait d'éviter les coups et n'en portait aucun. Je m'approche de ce dernier.

« Est-ce votre frère, lui dis-je, qui vous bat de la sorte? — Non, Madame, répondit le paysan, c'est un de mes voisins. — Il est bien méchant, repris-je, et pourquoi, lorsqu'il vous bat ainsi, ne le lui rendez-vous pas? — Mais, Madame, repartit le paysan, je ne peux pas, je suis le plus fort. »

A ces mots, je me dis tout bas : « Voilà un généreux enfant. »

(Mme DE GENLIS.)

2. — Une vengeance charitable.

Il y avait une fois un pauvre homme qui était mal tourné; il était bossu et pêchait à la ligne.

Des méchants enfants vinrent à passer, et, voyant sa bosse, ils se moquèrent de lui, et troublèrent sa pêche, ce qui est très mal, parce que le pauvre bossu n'avait pas d'autre plaisir. Mais le bossu, qui était patient,

ne disait rien. Il faisait semblant de ne pas les voir et de ne pas les entendre, de façon qu'ils se lassèrent de le taquiner et s'en allèrent jouer sur le bord de l'eau.

Tout d'un coup, l'un d'entre eux tomba dans la rivière, et il se serait noyé si le bon et aimable bossu qui n'avait pas de rancune, ne s'était jeté bravement à la nage et ne l'avait retiré.

Ce que voyant, les petits enfants se repentirent aussitôt, et demandèrent pardon au généreux bossu, qui leur avait donné cette leçon de courage et de bonté.

(P.-J. STAHL, *le Premier Livre des enfants*[1].)

57e LEÇON. — Le dévouement.

LECTURE.

1. — Les sauveteurs du Havre.

La mer était furieuse ; un sloop de pêche désemparé faisait des signaux de détresse à un mille du port. Le directeur du sauvetage s'approcha du patron Lecroisey, dont le bateau était armé, et lui demanda s'il pouvait par

1. J. HETZEL ET Cie, éditeurs.

tir. Sans hésiter, Lecroisey donna à ses dix compagnons l'ordre du départ. Pendant deux heures, on vit ces onze hommes lutter contre les vagues, s'approcher du sloop en détresse et guetter le moment d'en recueillir l'équipage. Puis tout à coup, la tempête emporta le sloop dans la direction de Honfleur. Acharnés à leur œuvre de salut, les intrépides marins, se dirigèrent du même côté : c'était risquer leur vie ; mais il y avait là, tout près, six hommes à sauver, dont les regards étaient tournés vers eux. Ils ne purent résister à cet appel et tentèrent un suprême effort.

Quelques minutes après, un paquet de mer avait déchiré leur voile et fait chavirer leur bateau. Quelques têtes humaines apparurent un instant au milieu des vagues ; puis la mer se referma sur ses victimes. Les onze marins du Havre avaient vécu.

(A. Mézières, *Éducation morale et Instruction civique*[1].)

Questionnaire. — 1. Quel était, un jour, l'état de la mer au Havre ? — 2. Qu'apercevait-on à un mille du port ? — 3. Que demanda le directeur du sauvetage au patron Lecroisey ? — 4. Que fit celui-ci sans hésiter ? — 5. Que vit-on pendant deux heures ? — 6. Puis qu'arriva-t-il tout à coup ? — 7. Que firent alors les intrépides sauveteurs ? — 8. A quoi s'exposaient-ils ? — 9. Mais pou-

1. Un volume in-12, cartonné. 1 fr. 25. Charles Delagrave, éditeur

vaient-ils rester sourds aux appels des naufragés et ne pas tenter un suprême effort? — 10. Que se passa-t-il quelques minutes après? — 11. Que vit-on pendant quelques instants au milieu des vagues et enfin comment tout fut-il fini? — 12. Quel bel exemple ont laissé ces braves? — 13. Jusqu'où doit aller le dévouement à l'égard de nos semblables?

MAXIMES.

Puisque tous les hommes sont frères, ils doivent être toujours prêts à se dévouer les uns pour les autres.

Si le sacrifice de ta vie est nécessaire, dévoue-toi jusqu'à la mort.

RÉSUMÉ.

Se dévouer, c'est s'oublier soi-même pour les autres, et, s'il le faut, donner sa vie.

Je serai prêt à me dévouer en toutes circonstances. pour mon pays, en cas de guerre; pour les miens, dans le malheur; pour mes semblables, dans le danger.

RECITATIONS.

1. — Mort du chevalier d'Assas.

Il s'avance dans les bois, au milieu des profondes ténèbres; tout à coup il sent que plusieurs épées s'appuient contre sa poitrine, et une voix murmure à son oreille : « Si tu dis un mot, tu es mort! » C'était une colonne ennemie qui s'avançait en silence pour surprendre les Français. D'Assas, rassemblant toutes ses forces, s'écrie d'une voix éclatante : « A moi, Auvergne! ce sont les ennemis. » Il tombe percé de coups, et l'armée française est sauvée.

(TH. H. BARRAU, *Livre de morale pratique* [1].)

[1] HACHETTE ET Cie, éditeurs.

2. — Un héros sans le savoir

Un garçon de dix ans, au bord de la rivière,
Jouait aux ricochets avec des cailloux ronds.
Il oubliait l'école à regarder leurs bonds
Et les tressauts de l'eau sous les coups de la pierre.
Un plus petit s'approche et veut en faire autant.
Le pied lui glisse, il tombe, et le courant l'entraîne.
La rivière est profonde et la mort est certaine.
Il va périr, hélas! Mais l'autre, au même instant,
Se jette en plein courant, au péril de sa vie.
Trois fois il plonge; enfin, après beaucoup d'efforts,
Il atteint le bambin et l'arrache à la mort.
Sur le quai cependant une foule ravie
Acclame le sauveur et veut savoir son nom.
« Mon nom, pourquoi mon nom? pour le dire à mon père?
Pour qu'il sache que j'ai flâné près la rivière,
Qu'il me batte, fit-il en s'esquivant, oh! non! »
En savez-vous beaucoup de héros dans l'histoire
Pas plus fiers que le mien, ignorants de leur gloire,
Refusant leurs noms aux bravos,
Héros sans le savoir, et pourtant vrais héros?

(Louis Ratisbonne, *les Petits Hommes* [1].)

58e LEÇON. — Il faut se perfectionner.

LECTURE

1. — Petits défauts, petites vertus.

Il ne faut pas mépriser les petits défauts. Il n'est si petit ennemi qui ne puisse nuire à la longue. Dès le jeune âge, nous sommes sollicités par notre penchant naturel qui nous porte vers la paresse et le laisser aller, et souvent aussi par des exemples de mauvaise éducation que nous fournissent nos camarades : ce sont des taquineries, des étourderies, qui amènent de petits accidents pour nous ou pour les autres, des actes de malpropreté, des écarts de caractère et de langage... Nous ne manquerions pas de mettre ces exemples journellement en pratique, si nos

1. Un volume in-12 broché, 1 fr. 25. Ch. Delagrave, éditeur.

éducateurs, parents et maîtres n'intervenaient pour nous ramener dans le droit chemin.

Ce ne sont pas les éléphants qui détruisent les moissons et ruinent les cultivateurs dans les plaines de la Beauce : ce sont les sauterelles et les chenilles quand les blés sont en herbe, les charançons et autres petits insectes, quand les blés sont murs.

Les petites maladies qui se répètent, qui ne nous quittent pas et dont on ne se méfie guère sous prétexte qu'elles ne sont pas mortelles, sont de plus insupportables ennemies que les grosses maladies contre lesquelles, dès le début, on se met en défense. Ce n'est presque jamais que par les petits maux négligés que les grands arrivent. Il faut se guérir bien vite des plus légers rhumes, si on veut éviter la fluxion de poitrine. La congestion pulmonaire et la tuberculose n'ont souvent d'autre origine qu'un refroidissement mal soigné.

S'il convient de ne pas faire fi des petits défauts, il est utile de faire grand cas des petites vertus. Ces dernières ont plus souvent l'occasion de s'exercer que les grandes vertus ; elles ont dans la vie une plus grande importance qu'on ne le croit généralement. Ainsi c'est seulement par la propreté, l'ordre, la politesse, la bienveillance, l'économie, qu'on peut facilement acquérir dans le commerce une position aisée.

Il est rarement possible de faire des actions d'éclat ; si l'on attendait pour bien agir le moment d'être héroïque, on risquerait d'attendre longtemps, et la paresse, qui n'est pas une vertu, pourrait trouver son compte à cette attente. Quand il s'agit de faire le bien, il faut donc se contenter du petit, à défaut du grand, et ne jamais se croiser les bras ; l'exercice des petites vertus peut seul, du reste, conduire à la pratique des grandes. Comme la petite monnaie qui a son emploi tous les jours, les petites vertus ont enfin le grand avantage d'être à la portée de tous, pauvres et riches, jeunes et vieux. (D'après STAHL, *Morale familière* [1].)

Questionnaire. — 1. Citez quelques petits défauts. — 2. Pourquoi ne faut-il pas les mépriser ? — 3. Qu'arriverait-il si on les

1. HETZEL et Cie, éditeurs, à Paris.

laissait s'enraciner ? — 4. Qu'est-ce qui dévore les moissons dans les plaines de la Beauce ? — 5. Rappelez le nom des insectes qui attaquent les blés en herbe et les blés murs ? — 6. Que deviennent les petits maux négligés ? — 7. Citez quelques petites vertus. — 8. Convient-il de les dédaigner ? — 9. A-t-on souvent l'occasion de faire des actes d'héroïsme ? — 10. Qu'arriverait-il si l'on attendait pour bien agir le moment où il se présentera pour vous l'occasion d'accomplir une action extraordinaire ? — 11. Quels sont les heureux résultats de la mise en pratique des petites vertus ? — 12. Quelle résolution cette lecture provoque-t-elle en vous pour l'avenir ?

MAXIMES

Heureux et sage celui qui dit en s'éveillant : je veux être aujourd'hui meilleur qu'hier.

Notre vie doit être un long travail de perfectionnement.

Ecoute toujours ta conscience et conserve ta propre estime.

Notre premier devoir, c'est le travail ; notre second, c'est la bonté.

RÉSUMÉ

La morale m'a appris mes devoirs ; je vais m'efforcer de les bien remplir.

Je veux d'abord être un bon fils et un bon écolier pour devenir plus tard un bon patriote et un citoyen utile.

J'accomplirai exactement mes devoirs.

Je serai honnête et travailleur. J'aimerai mes semblables. Je serai bon pour eux et les aiderai dans la mesure de mes forces et de mes moyens.

Je me corrigerai de mes défauts et je chercherai chaque jour à devenir meilleur.

RÉCITATIONS.

1. — Devenir grand.

Un père à ses enfants parlait de l'avenir.
« — Dites-moi ce qu'un jour vous voulez devenir,
Voyons, toi d'abord, Charles ! » Or Charles était un brave ;

Et brandissant en l'air son grand sabre de bois :
« — Je deviendrai soldat, criait-il, et zouave ! »
Albert qui conduisait deux chaises à la fois,
« — Je deviendrai cocher, dit-il d'une voix grave. »
« Et toi mon petit Paul ? » Petit Paul accourant :
« Ça m'est égal, pourvu que je devienne grand ! »
« — C'est fort bien parlé dit le père ;
Tu deviendras grand, je l'espère. »
Les deux frères riaient, mais le père reprit :
« — Oui, beau cocher, et toi, mon sergent de bataille,
Il faut, quelqu'avenir que le destin vous taille,
Vouloir devenir grand, non pas grand par la taille,
Mais par le cœur et par l'esprit. »

(LOUIS RATISBONNE, *la Comédie enfantine* [1].)

8. — L'hermine et le rat.

Sur un terrain rocailleux
Vivaient le rat et l'hermine ;
Bientôt ils furent tous deux
Menacés par la famine,
De son trou le rat sortant
Dit à sa blanche compagne :
« Vois, par delà cet étang
Comme est riche la campagne ;
De fermes, d'arbres, d'oiseaux
Et de fruits, elle est couverte.
Suis-moi, traversons les eaux ;
Dans notre lande déserte
La faim nous accablerait.
— Quoi ! dit l'hermine, il faudrait
Me salir à cette fange ?
— Eh ! qu'importe si l'on mange !
— Non, dit-elle, en vérité !
Va-t-en, je veux rester pure :
Ah ! plutôt la pauvreté
Et la mort qu'une souillure ! »

(LA CHAMBAUDIE, *Fables* [1].)

1. Ch. DELAGRAVE et HETZEL et Cie, éditeurs à Paris.
1. Ch. DELAGRAVE, éditeur à Paris.

INSTRUCTION CIVIQUE[1]

OCTOBRE, NOVEMBRE

I. — LEÇONS PRÉLIMINAIRES

1re LEÇON. — L'instruction civique et le citoyen.

L'instruction civique a pour but de nous faire connaître : 1° nos droits et nos devoirs de citoyens; 2° l'organisation *administrative* et *gouvernementale* de la France.

On appelle *citoyen* tout homme qui fait partie d'un État, c'est-à-dire d'un pays organisé, et qui a le droit de prendre part au gouvernement de ce pays.

La France est un État, et les Français sont des citoyens.

2e LEÇON. — La Révolution française.

C'est à la Révolution de 1789 que nous devons d'être des citoyens libres. Avant 1789, la nation n'avait aucune part au gouvernement, le roi faisait ce qu'il voulait, et tous lui devaient obéissance.

Il n'y avait aucune liberté, et l'inégalité régnait partout. La nation se divisait en trois ordres : la noblesse et le clergé,

1. Voir, au besoin, pour plus de développements, le LIVRE D'INSTRUCTION CIVIQUE DES ÉCOLES PRIMAIRES (cours moyen, cours supérieur) ET DES COURS D'ADULTES : plans, résumés, lectures.

qui avaient toutes les faveurs, et le peuple, qui n'avait que des charges.

C'est la Révolution qui a proclamé l'immortelle devise : Liberté, égalité, fraternité.

II. — LES DROITS DU CITOYEN

3e LEÇON. — La liberté.

Le citoyen français, depuis la Révolution de 1789, jouit de droits nombreux, dont les principaux sont : 1° la *liberté*, l'*égalité* et la *propriété*; 2° le *droit de vote*.

La liberté est le droit de faire tout ce qui ne nuit pas aux autres. Les principales libertés sont : la *liberté individuelle* ou le droit de disposer de sa personne, sans qu'on puisse être arrêté, à moins d'un ordre de la justice; la *liberté de conscience* ou le droit de suivre la religion que l'on veut; la *liberté de la parole* ou le droit de dire et d'écrire ce que bon vous semble; la *liberté du travail* ou le droit d'exercer le métier de son choix.

4e LEÇON. — L'égalité; la propriété.

Les Français ne sont pas seulement libres; ils sont aussi égaux, c'est-à-dire qu'ils ont les mêmes droits et les mêmes devoirs, qu'ils sont soumis aux mêmes lois, jugés par les mêmes tribunaux, et qu'ils peuvent tous arriver aux mêmes emplois, selon leur mérite.

Tout le monde également a le droit de posséder des biens légitimement acquis, et nul ne peut être dépossédé, à moins de recevoir une indemnité équivalente.

Le domicile d'un citoyen est aussi inviolable, c'est-à-dire que nul ne peut y pénétrer, sauf en un cas de crime, sans la permission de celui qui l'habite.

5e LEÇON. — Le droit de vote.

Le *droit de vote* est celui qui permet au citoyen de prendre part au gouvernement de son pays.

Il comprend : 1° le droit d'être *électeur*, c'est-à-dire de voter pour choisir les représentants chargés de constituer ce gouvernement; 2° le droit d'être *éligible*, c'est-à-dire d'être choisi soi-même comme représentant du pays.

Tout citoyen français est électeur à 21 ans, à moins qu'il n'ait subi une condamnation lui enlevant ses droits de citoyen. Il est éligible, comme conseiller ou député, à 25 ans; comme sénateur, à 40 ans.

6e LEÇON. — La souveraineté nationale.

En France, ce sont donc les habitants qui se gouvernent eux-mêmes au moyen des délégués qu'ils choisissent et auxquels ils donnent le pouvoir pour un temps : c'est ce qu'on appelle la *souveraineté nationale*.

La souveraineté nationale, en France, ne date que de la Révolution de 1789, qui abolit la monarchie absolue. Elle a été rendue complète par la république de 1848, qui a établi le *suffrage universel*, c'est-à-dire donné le droit de vote à tous les Français.

7e LEÇON. — L'exercice du droit de vote.

Les électeurs appelés à élire leurs représentants reçoivent une carte qui porte leur nom; puis, le jour du vote, qui est toujours un dimanche, ils se présentent à la mairie, où est installée l'urne du *scrutin*. Ils déposent dans cette urne un bulletin portant le nom des *candidats* qu'ils ont choisis. Le soir, on compte publiquement ces bulletins, et les candidats qui ont obtenu le plus de voix sont élus[1].

1. Pour être élu, le candidat doit réunir la moitié plus un des suffrages exprimés et un nombre de suffrages au moins égal au quart du nombre des électeurs inscrits.

Le vote est libre. La loi punit sévèrement tout individu qui menace un électeur ou lui offre de l'argent pour obtenir son vote.

8e LEÇON. — Les différentes formes de gouvernement.

Il y a plusieurs formes de gouvernement. Les deux principales sont la *monarchie* et la *république*.

Dans une monarchie, c'est un seul homme, roi ou empereur, qui gouverne, et qui transmet le pouvoir comme un héritage à son fils. Dans une république, le gouvernement est confié pour un temps limité à des hommes élus par leurs concitoyens.

La république est donc une meilleure forme de gouvernement que la monarchie. C'est le gouvernement actuel de la France. Proclamée le 4 septembre 1870, la République française a été organisée par la constitution de 1875.

DÉCEMBRE

III. — LES DEVOIRS DU CITOYEN [1]

9e LEÇON. — Les devoirs du citoyen.

Les citoyens ont des *devoirs* à remplir envers l'État, en échange des *droits* que l'État leur assure.

---

1. Ces leçons n'ayant pu, faute d'espace, être placées dans la première partie, où nous avons fait figurer cependant l'*obéissance aux lois* et le *devoir militaire*, 28e et 27e leçons, nous les donnons ici sous forme de résumés.

Consulter, au besoin, le LIVRE DE MORALE DES ÉCOLES PRIMAIRES (cours moyen, cours supérieur) ET DES COURS D'ADULTES, 14e leçon et suivantes.

Les principaux de ces devoirs sont : *l'obéissance aux lois* **et aux magistrats chargés de les appliquer,** *l'obligation scolaire,* **le** *service militaire, l'obligation de payer l'impôt* **et le** *devoir de voter* **quand on est électeur.**

Les quatre premiers devoirs sont imposés par la loi, qui punit ceux qui ne les observent pas. Le vote n'est pas légalement obligatoire, mais il n'en est pas moins un devoir pour tout bon citoyen.

10e LEÇON. — L'obligation scolaire.

La loi *oblige* **les parents à envoyer leurs enfants, de 6 à 13 ans, à l'école ou à justifier qu'ils ont reçu une instruction suffisante dans la famille.**

Dans un pays libre comme la France, où tous les citoyens prennent part au gouvernement, il importe, en effet, qu'ils soient assez instruits pour exercer leur droit de vote avec intelligence et comprendre leurs obligations envers l'État.

Les parents ne peuvent plus avoir de prétexte pour priver leurs enfants du bienfait de l'instruction ; car l'école est aujourd'hui gratuite, c'est-à-dire ouverte aux enfants pauvres comme aux riches.

11e LEÇON. — L'impôt.

L'État entretient une armée et une police pour nous défendre, des écoles pour nous instruire, des tribunaux pour rendre la justice ; il crée et entretient des routes, des canaux, pour faciliter les voyages et le commerce. Chaque citoyen, profitant de ces avantages, doit payer à l'État une certaine somme proportionnelle à ses moyens, afin de couvrir les dépenses faites dans l'intérêt de tous : c'est ce qu'on appelle l'impôt.

Il faut donc payer exactement l'impôt et regarder la fraude comme un acte de malhonnête homme et de mauvais citoyen.

12e LEÇON. — Le vote.

Le *vote* est le droit qu'a tout citoyen de prendre part à élection des représentants du pays.

Mais ce droit est en même temps un devoir. Un bon citoyen ne doit jamais s'abstenir de voter, toutes les fois qu'il est appelé à le faire; car de nombreuses abstentions peuvent faire arriver un candidat qui ne représente pas la majorité des électeurs.

Il faut, en outre, voter librement, selon sa conscience, en choisissant les candidats les plus honnêtes et les plus capables de donner de bonnes lois au pays.

JANVIER

IV. — ADMINISTRATION COMMUNALE ET DÉPARTEMENTALE

13e LEÇON. — La commune. — Le maire.

On appelle *commune* la ville ou le village que nous habitons et le territoire qui en dépend. C'est la plus petite division administrative de la France.

La commune a des revenus et des dépenses comme un particulier. Elle est administrée par un *maire* et des *adjoints*, nommés et assistés par un conseil municipal.

Le maire est à la fois le *délégué du gouvernement* et le *représentant de la commune*. Il fait exécuter les lois, entretient les propriétés communales et veille au maintien de l'ordre public. Il est en outre *officier de l'état civil*, c'est-à-dire qu'il fait inscrire sur des registres les naissances, les mariages et les décès.

14e LEÇON. — Le conseil municipal.

Le *conseil municipal* est une assemblée élue pour quatre ans par les électeurs de la commune. Le nombre des conseillers municipaux varie de 10 à 36, selon le chiffre de la population [1].

Le conseil municipal élit le maire et les adjoints, aide et contrôle leur administration et vote chaque année le budget communal, c'est-à-dire les recettes et les dépenses de la commune pour l'année suivante.

Les décisions du conseil municipal s'appellent des *délibérations*. Elles doivent être, le plus souvent, soumises à l'approbation du préfet.

15e LEÇON. — Le canton et l'arrondissement.

Le *canton* est la réunion de plusieurs communes [2]. Il n'a pas d'administration particulière. Seulement, c'est au chef-lieu de canton que réside toujours le juge de paix et qu'ont lieu le tirage au sort, la revision et les examens du certificat d'études primaires.

Plusieurs cantons forment un *arrondissement*, à la tête duquel se trouve un *sous-préfet*, nommé par le gouvernement.

Le sous-préfet sert d'intermédiaire entre les maires des communes et le préfet. Il est assisté d'un *conseil d'arrondissement*, qui se réunit deux fois dans l'année et qui est formé de membres élus pour six ans, à raison d'un au moins par canton.

16e LEÇON. — Le département. — Le préfet.

Le *département* est la plus grande des divisions administratives de la France. Il est formé par la réunion de plusieurs arrondissements.

---

1. Il n'y a d'exception que pour Paris, qui compte 80 conseillers municipaux.

2. Par exception, certaines villes importantes forment plusieurs cantons.

La France est divisée en 86 départements, administrés chacun par un *préfet*, nommé par le gouvernement.

Le préfet est dans le département ce qu'est le maire dans sa commune. Il est à la fois le représentant de l'État et le représentant du département. Il fait publier et exécuter les lois; il a la haute direction de la police et nomme un certain nombre de fonctionnaires et d'employés. Il défend les intérêts du département auprès de l'État et exerce sur les communes un droit de contrôle et de protection.

Il est secondé par un *secrétaire général*, qui le remplace en cas d'absence.

17e LEÇON. — Le conseil général.

Le préfet est assisté d'un *conseil général*, assemblée élue pour six ans, dans chaque département, à raison d'un membre par canton.

Le conseil général est pour le département ce que le conseil municipal est pour la commune. Il aide et contrôle l'administration du préfet, délibère sur les affaires intéressant le département et vote le budget départemental.

Les conseils généraux se réunissent deux fois par an après Pâques et après le 15 août.

FÉVRIER

V. — L'ÉTAT. — LE POUVOIR LÉGISLATIF

18e LEÇON. — Les pouvoirs de l'État.

L'ensemble des départements constitue la nation ou l'*État*; mais on appelle encore État le gouvernement que la nation se donne.

La mission essentielle de l'État, c'est : 1° de faire les lois;

2° de les faire exécuter; 3° d'en punir la violation. De là les trois grands pouvoirs de tout État : le pouvoir *législatif*, le pouvoir *exécutif* et le pouvoir *judiciaire*.

Le pouvoir législatif, en France, est exercé par la Chambre des députés et le Sénat, qu'on appelle le *Parlement;* le pouvoir exécutif, par le Président de la République et les ministres; le pouvoir judiciaire, par les juges des tribunaux.

19e LEÇON. — La Chambre des députés.

La Chambre des députés, qui siège au Palais-Bourbon, est une assemblée composée d'environ 580 membres. Les députés sont élus directement par le suffrage universel pour une durée de quatre ans, à raison d'un au moins par arrondissement.

Pour être candidat, il faut être âgé de 25 ans au moins.

La Chambre des députés a les mêmes attributions que le Sénat : faire les lois, voter le budget et contrôler les actes du gouvernement. Toutefois les lois de finances doivent d'abord être votées par elle. C'est elle aussi qui, plus particulièrement, par ses votes maintient ou renverse les ministères.

20e LEÇON. — Le Sénat.

Le Sénat, qui siège au Luxembourg, est une assemblée composée de 300 membres élus pour neuf ans, mais renouvelables par tiers tous les trois ans.

Les sénateurs sont nommés, pour chaque département, non plus directement par le suffrage universel, mais par un corps électoral composé des députés, des conseillers généraux, des conseillers d'arrondissement et des délégués des conseils municipaux.

Le Sénat partage avec l'autre Chambre le vote des lois; il revoit le plus souvent celles qui sont faites par les députés. Il peut, en outre, donner au Président de la République l'autorisation de dissoudre la Chambre des députés.

21e LEÇON. — La loi : confection de la loi.

Les *lois* sont des règles établies par les Chambres et auxquelles tous les citoyens d'une nation doivent obéir.

Les lois peuvent être proposées, soit par le ministère, soit par un membre de la Chambre des députés ou du Sénat.

Pour qu'une loi soit valable, il faut d'abord qu'elle soit votée successivement par les deux Chambres. Il faut ensuite qu'elle soit *promulguée* par le Président de la République, c'est-à-dire portée à la connaissance de tous.

A dater de cette publication, la loi est obligatoire, et ceux qui la violent sont traduits devant les tribunaux.

MARS

VI. — L'ÉTAT. — LE POUVOIR EXÉCUTIF

22e LEÇON. — Le Président de la République.

Le chef du pouvoir exécutif est le *Président de la République*. Il est élu pour sept ans par les deux Chambres réunies en Congrès.

Le Président de la République promulgue les lois; il nomme les ministres et les grands fonctionnaires de l'État. Il dispose de la force armée; il peut, d'accord avec le Sénat, dissoudre la Chambre des députés; il a le droit de faire grâce à un condamné ou de diminuer sa peine. Il reçoit les ambassadeurs et préside aux solennités nationales [1].

---

1. Les hommes qui ont été investis de cette haute mission depuis 1875 sont : le maréchal de Mac-Mahon, Jules Grévy, Sadi Carnot, M. Casimir-Périer, Félix Faure, M. Loubet et M. Fallières. Le Président de la République est actuellement M. R. Poincaré.

23e LEÇON. — Les ministres.

Le Président de la République est assisté de *ministres*, qu'il choisit lui-même, et qui exercent le pouvoir exécutif en son nom. Leur réunion forme le *Conseil des ministres*, qui est dirigé par l'un d'eux appelé *président du conseil*.

Les ministres présentent et soutiennent les projets de loi. Ils sont responsables devant les Chambres, c'est-à-dire que celles-ci peuvent leur demander compte de leurs actes, et si une majorité se forme contre eux dans la Chambre des députés, et quelquefois au Sénat, ils donnent leur démission.

Le gouvernement, représenté par le ministère, dépend ainsi toujours des Chambres; celles-ci, à leur tour, dépendent du peuple, qui les nomme. C'est donc le peuple qui est le vrai souverain, et la république est bien le gouvernement de la nation par la nation.

24e LEÇON. — L'administration et les ministères.

Les ministres, outre leurs fonctions politiques, ont des fonctions administratives. Chacun d'eux dirige un des grands services de l'État et a sous ses ordres des fonctionnaires répandus dans toute la France.

Le nombre des ministres peut varier. On en compte actuellement douze. Ce sont : les ministres de l'intérieur; des affaires étrangères; des finances ; de l'instruction publique; de la justice; de la guerre; de la marine ; des colonies; des travaux publics; de l'agriculture ; du commerce et de l'industrie; du travail et de la prévoyance sociale.

Il y a encore d'autres services rattachés à divers ministères. Tels sont : les postes et télégraphes, les cultes et les beaux-arts.

25e LEÇON. — Attributions des ministères.

Le ministre de l'*intérieur* est chargé de l'administration intérieure du pays et du maintien de l'ordre public. Il a sous son autorité les préfets, les sous-préfets et les maires. Il dirige également la police, le service des prisons et de l'assistance publique (hôpitaux, asiles d'aliénés, etc.).

Le ministre des *affaires étrangères* dirige nos relations politiques et commerciales avec les puissances étrangères. Il a sous ses ordres les ambassadeurs et les consuls.

Les attributions des autres ministres s'expliquent par le nom même du ministère dont ils sont chargés.

AVRIL

VII. — LE POUVOIR JUDICIAIRE OU LA JUSTICE

26e LEÇON. — Le pouvoir judiciaire. — Le juge de paix.

Le *pouvoir judiciaire* ou la *justice* a pour mission de régler les désaccords qui surviennent entre particuliers (*justice civile*) et de punir les fautes plus ou moins graves commises contre les lois (*justice criminelle*).

La justice est rendue par les *tribunaux*.

Au chef-lieu de canton se trouve la *justice de paix*, qui est le plus simple des tribunaux. Elle se compose d'un seul magistrat, le *juge de paix*, qui, ainsi que son nom l'indique, s'efforce de concilier les particuliers en désaccord. S'il n'y réussit pas, il les juge, mais seulement s'il s'agit de petites contestations.

Il juge aussi les *contraventions*, ou infractions légères aux lois et règlements.

27e LEÇON. — Tribunaux de première instance. — Cours d'appel.

Après la justice de paix vient le *tribunal de première instance*, qui siège au chef-lieu de chaque arrondissement. Il est composé de trois juges, dont un est président.

Ce tribunal juge tous les procès trop importants pour être portés devant le juge de paix. Il juge également les délits ou fautes graves contre la loi, comme les vols, etc.

Un jugement qui paraît mal rendu par le juge de paix peut être porté devant le tribunal de première instance. Un jugement qui paraît mal rendu par le tribunal de première instance peut être porté devant un tribunal plus élevé, appelé *cour d'appel*. Il y a en France 27 cours d'appel.

28ᵉ LEÇON. — Cours d'assises. — Cour de cassation.

Dans chaque département se réunit tous les trois mois[1] une *cour d'assises*, chargée de juger les crimes ou fautes très graves contre les lois, comme le vol avec violence, l'assassinat.

La cour d'assises se compose de trois juges et d'un jury formé de douze citoyens honorables.

Dans chaque affaire, après que les débats sont terminés, le jury déclare si l'accusé est coupable ou innocent. Les juges appliquent ensuite la peine ou prononcent l'acquittement.

Au-dessus de tous les tribunaux se trouve la *Cour de cassation*, qui siège à Paris et qui peut casser, c'est-à-dire annuler, tous les jugements qui ont été mal rendus.

29ᵉ LEÇON. — Tribunaux spéciaux.

En dehors des tribunaux ordinaires, il existe quelques tribunaux spéciaux, tels que les tribunaux de commerce, les conseils de prud'hommes et les conseils de guerre.

Les tribunaux de commerce, établis dans les villes im-

1. A Paris tous les mois.

portantes, jugent les affaires commerciales. Ils sont formés de membres élus principalement par les commerçants de l'arrondissement patentés depuis cinq ans au moins.

Les *conseils de prud'hommes*, établis dans certaines villes manufacturières, jugent les différends entre patrons et ouvriers. Ils sont composés de membres élus moitié par les patrons, moitié par les ouvriers.

Les *conseils de guerre* jugent les délits et les crimes commis par les soldats. Ils sont composés de militaires de divers grades.

MAI

VIII. — LA FORCE PUBLIQUE

30e LEÇON. — Police, gendarmerie, armée.

La *force publique* est la force armée entretenue par l'État pour assurer la protection des citoyens.

Elle se compose : 1° de la *police* et de la *gendarmerie*, chargées de maintenir la tranquillité intérieure et de nous défendre contre les malfaiteurs; 2° de l'*armée*, chargée d'assurer la défense du pays.

La *police* comprend des commissaires et des agents de police, dans les villes; des gardes champêtres, dans les campagnes.

La *gendarmerie* est une

corps composé d'anciens militaires. Les gendarmes sont distribués sur tout le territoire en brigades de quelques hommes, les unes à pied, les autres à cheval.

Nous devons respecter les agents de la force publique, car ils exposent souvent leur vie pour nous protéger.

31e LEÇON. — Le service militaire.

L'armée se compose de tous les citoyens valides depuis 19 ans jusqu'à 48 ans; c'est ce qu'on appelle le *service militaire obligatoire*, établi par la loi du 7 août 1913.

Actuellement, tout Français reconnu propre au service militaire paye personnellement sa dette à la patrie : plus de bons numéros, ni de remplaçants. Il fait partie successivement : de l'*armée active* pendant 3 ans; de la *réserve de l'armée active* pendant 11 ans; de l'*armée territoriale* pendant 7 ans; de la *réserve de l'armée territoriale* pendant 7 ans.

Les hommes ne sont retenus sous les drapeaux que pendant les 3 années de l'armée active; mais après ils sont appelés à trois périodes de manœuvres, respectivement de 23, 17 et 9 jours, afin qu'ils n'oublient pas leur instruction militaire.

32e LEÇON. — Le recrutement.

Tous les ans, dans chaque canton, a lieu le recensement des jeunes gens ayant atteint leur vingtième année. Les jeunes gens inscrits passent ensuite devant le *conseil de révision* qui désigne ceux qui sont propres au service militaire exempte ceux qui sont atteints de certaines infirmités, et ajourne les conscrits trop faibles. Les ajournés une première fois peuvent être pris l'année suivante et faire alors trois années de service, comme les soldats de leur classe. Les ajournés une deuxième fois seront versés pour deux ans dans les services auxiliaires.

Le recensement et la revision constituent le *recrutement militaire*.

33e LEÇON. — Organisation de l'armée : armée de terre.

L'armée de terre est formée de 20 corps d'armée qui comprennent chacun : de l'*infanterie* (troupes à pied), de

la *cavalerie* (troupes à cheval), de l'*artillerie* (service des canons), du *génie* (travaux de défense), du *train des équipages* (chargé des transports).

A ces troupes, qu'on appelle les *combattants*, il faut ajouter l'*intendance*, chargée des munitions et des vivres, et le *corps de santé militaire*, chargé du soin des malades et des blessés.

Les grades dans l'infanterie sont : caporal, sergent, sergent-major, adjudant, sous-lieutenant, lieutenant, capitaine, commandant, lieutenant-colonel, colonel, général de brigade et général de division.

Chaque soldat peut aujourd'hui conquérir tous ces grades. Il a, comme on dit, « son bâton de maréchal dans sa giberne ».

34ᵉ LEÇON. — Armée de mer.

L'armée de mer ou *marine* est chargée de la défense de nos côtes et de nos colonies. Elle se compose des *équipages de la flotte* et des *troupes de marine* (infanterie et artillerie).

Les équipages de la flotte, chargés de la manœuvre de nos vaisseaux, **sont formés de marins choisis parmi les pêcheurs** de nos côtes. C'est ce qu'on appelle l'inscription maritime.

Les troupes de la marine sont composées en majeure partie d'engagés volontaires.

La marine est divisée en groupes de bâtiments appelés *escadres*, qui sont commandés par **un contre-amiral ou un amiral, dont le grade correspond à celui de général.**

JUIN

IX. — L'IMPOT

35e LEÇON. — Les impôts directs.

L'impôt est la part réclamée par l'État à chaque citoyen pour contribuer aux dépenses communes. On distingue deux grandes classes d'impôts : les *impôts directs* et les *impôts indirects.*

Les impôts directs sont ceux que l'on paye directement au percepteur. Ce sont : l'impôt foncier (sur les maisons et les terres); la cote personnelle et mobilière; l'impôt des portes et fenêtres; les patentes imposées aux industriels et aux commerçants; les taxes diverses sur les chiens, les chevaux et les voitures, etc.

Les impôts directs sont votés chaque année par les Chambres. Ils sont perçus dans chaque commune par un percepteur et versés au Trésor (ministère des finances) par l'intermédiaire des *trésoriers-payeurs généraux.*

36e LEÇON. — Les impôts indirects.

Les impôts indirects sont ceux que l'on paye indirectement en achetant certains produits, tels que sucre, café, sel, boissons, etc.

L'État perçoit un impôt sur le producteur ou le fabricant, et celui-ci se le fait rembourser par l'acheteur en élevant le prix de vente des objets imposés. Ce sont les impôts de consommation.

On peut encore ranger dans les impôts indirects les droits de douane et d'octroi et les monopoles : tabac, allumettes, poudre de chasse, etc.

Les impôts indirects sont perçus chez les fabricants et les marchands par des employés de la régie et aux frontières par les douaniers; ils sont ensuite versés au Trésor de la même manière que les impôts directs.

X. — L'INSTRUCTION PUBLIQUE

37ᵉ LEÇON. — L'enseignement primaire

L'instruction publique comprend trois degrés : l'enseignement primaire, l'enseignement secondaire et l'enseignement supérieur.

L'enseignement *primaire* comprend les notions élémentaires indispensables à tous les hommes. Il est *gratuit* et *laïque* dans les écoles publiques et de plus *obligatoire* pour les enfants de 6 à 13 ans révolus.

Cet enseignement est donné par des instituteurs et des institutrices dans les écoles maternelles, les écoles primaires et les écoles primaires supérieures. Il est surveillé et dirigé par des recteurs, des inspecteurs d'académie, des inspecteurs primaires et des délégués cantonaux.

Nous devons le grand développement de l'instruction primaire à la République, qui a ouvert des écoles dans les plus petits hameaux.

38ᵉ LEÇON. — L'enseignement secondaire et l'enseignement supérieur.

L'enseignement *secondaire* est destiné à ceux qui veulent une instruction plus étendue et plus complète. Il se donne dans les lycées et collèges et aboutit à l'examen du baccalauréat et à l'entrée dans les grandes écoles de l'État : École polytechnique, École normale supérieure, École de Saint-Cyr, etc.

L'enseignement *supérieur*, qui est le plus élevé de tous les enseignements, se donne dans les grands établissements de l'État (Collège de France, etc.) et dans les facultés de droit, de médecine, de sciences et de lettres. Il forme des juges, des médecins, des professeurs et des savants.

L'enseignement primaire est seul gratuit; mais des enfants intelligents, quoique pauvres, peuvent, après examen être élevés gratuitement dans les lycées et collèges, grâce aux bourses entretenues par l'État, les départements et les villes.

APPENDICE

1. — L'école et l'écolier d'aujourd'hui.

Notre ambition est que l'école soit aimable, afin que l'enfant l'aime et la fasse aimer. C'est sur toi que nous comptons, petit missionnaire des idées modernes, petit élève de l'école primaire. Au sortir de la classe, montre à tes parents tout ce que tu en rapportes, tes livres, tes images, tes cahiers, le travail que tu as commencé. Redis-leur les récits, les beaux traits d'histoire ou de morale qu'on t'a racontés, tout ce qui t'a occupé et intéressé. Ils comprendront vite la portée du changement qui s'est fait en toi; ils devineront vite ce que vaut une éducation, et à qui ils la doivent, et plus d'une fois, peut-être, il arrivera qu'en te voyant, le soir, si appliqué et si heureux d'être appliqué, ils échangeront un regard comme pour se dire : « Ah! si nous avions été élevés ainsi! » et, dissimulant leur émotion, ils t'embrasseront. Dans ce baiser qu'ils te mettent au front, il y a plus de promesses pour la République qu'en bien des victoires électorales.

(F. Buisson.)

2. — Les vaillants du temps jadis.

Air provençal.

(Pour les autres strophes, voir pages 89 et 90.)

(M. Bouchor et J. Tiersot, *Chants populaires pour les écoles*[1].)

8. — La patrie.

(Dis, quelle est ta patrie?)

Paroles d'Octave Aubert. Musique de G. Fautras.

1. Hachette et Cie, éditeurs.

(Pour les autres strophes, voir page 87.)

(*Cours des écoles primaires élémentaires*, publié sous la direction de M. E. Cazes, cours élémentaire : *musique et chant*[1].)

---

4. — Gloire à la France !

Paroles de Paul Déroulède. Musique d'E. Tavernier.

1. Un volume in-4°, cartonné. Charles Delagrave.

(Pour les autres strophes, voir page 90.)

Autres titres du même éditeur

LA VIE D'AUTREFOIS
- Amours et mariages en France d'autrefois (30 euros)
- Bébés d'hier à aujourd'hui (22,50 euros)
- Les plus beaux contes des années folles (29 euros)
- Les écoliers et leurs maîtres en France d'autrefois (22,50 euros)
- Les femmes au quotidien de 1750 à nos jours (22,50 euros)
- Les métiers d'autrefois (29,99 euros)
- Les costumes régionaux d'autrefois (29,99 euros)
- 1000 proverbes et dictons de tous les temps (22,50 euros)
- Mers et marins en France d'autrefois (22,50 euros)
- Les Noëls d'autrefois (22,50 euros)
- Légendes et superstitions d'hier (29,99 euros)
- Les plus beaux chants traditionnels (22,50 euros)
- 100 recettes du temps de Louis XIV (19 euros)
- Ma généalogie : guide des recherches (22,50 euros)
– Les livres de morale de nos grands-mères (22,50 euros)

LES NOMS ET LES PRÉNOMS
- Encyclopédie des prénoms, leur histoire, leurs stars, M.-O. Mergnac (28 euros)
– Dictionnaire historique des noms de famille (1000 pages couleur avec CD-Rom cartographiant l'intégralité des noms de famille présents en France), dir. Marie-Odile Mergnac, préface de Michel Meyer (49 euros)
- Encyclopédie des noms de famille (800 pages couleur), dir. Marie-Odile Mergnac, préface du Pr. Jacques Dupâquier (43 euros)
- Les noms du monde entier et leur signification, Eugène Vroonen (avec CD-Rom inclus, 37,80 euros)
- Les noms de famille en Belgique, histoires et anecdotes, Hortense Naquet-Radiguet (29 euros)
- Tous les noms de famille de France et leur localisation en 1900, Laurent Fordant (1 500 pages reliées, 131 euros)
- Atlas des noms de famille en France (à partir des statistiques Insee), Laurent Fordant (30,19 euros)
- Les noms de famille en France, histoires et anecdotes, dir. Marie-Odile Mergnac, préface du Pr. Jacques Dupâquier, 4ème édition augmentée 2006 (30 euros)
- Les noms de famille en Normandie, O. de Lagarde, M.-O. Mergnac, 2ème édition augmentée 2004 (25 euros)
- Les noms de famille en Charentes, Poitou, Vendée, A. de Cacqueray, C. Belser, M.-O. Mergnac, 3ème édition augmentée 2004 (25 euros)
- Les noms de famille du Sud-Ouest, M. Rateau, C. Belser, etc., 2ème édition augmentée 2004 (29 euros)
- Les noms de famille en Auvergne et Limousin, V. Dumas, F. Fourré, V. Palfrey, C. Belser, etc., 2ème édition augmentée 2004 (29 euros)

- Les noms de famille en Bourgogne et Franche-Comté, C. Boisson, M.O. Mergnac, etc. (30,19 euros)
- Les noms de famille en Languedoc-Roussillon, C. Boisson, A. de Bergh, C. Brégeau, etc. (30 euros)
- Les noms de famille du nord de la France, D. Blanchard, C. Belser, J. Van Gaver, etc. (30,19 euros)
- Les noms de famille en Champagne-Ardenne, D. Blanchard, V. Palfrey, etc. (22,87 euros)
- Les noms de famille en Bretagne, A. de Cacqueray, C. Belser (30,19 euros)
- Les noms de famille en région Rhône-Alpes, D. Blanchard, C. Belser, V. Palfrey, F. Robin, M. Mergnac (30,19 euros)
- Les noms de famille en Provence-Alpes-Côte d'Azur, C. Paoli, S. d'Orsetti, etc. (30,19 euros)
- Les noms de famille du Maine et de l'Anjou, C. Belser, M. Mergnac (22,87 euros)
- Les noms de famille en Alsace et en Lorraine, C. Belser, A. de Bergh, V. Lambert... (29,99 euros)
- Les noms de famille de la région Centre, M.O. Mergnac (29,99 euros)
- Noms et prénoms des pays de l'Est, Laurent Fordant (29 euros)
- Les noms de famille en Lozère (25 euros)
- Les noms de famille en Dordogne (25 euros)
- Les noms de famille du Calvados (25 euros)
- Les noms de famille edu Gard (25 euros)
- Les noms de famille de l'Aveyron (25 euros)
- Les noms de famille du Tarn (25 euros)
- Les noms de famille de Gironde (25 euros)
- Les noms de famille de Haute-Garonne (25 euros)
- Les noms de famille de Mayenne (25 euros)
- Les noms de famille du Finistère (25 euros)

LA GÉNÉALOGIE
- Ma généalogie : guide des recherches (22,50 euros)
- Les généalogistes et leurs associations (18 euros)
- Arbre généalogique couleur 6 générations à compléter, 32 x 64 cm (1,52 euros)
- Ma famille dans l'histoire : poster couleur 1800-2000 à compléter, avec indication des grandes dates historiques et des évolutions, format 84 x 30 cm (5 euros)

LE TABLEAU D'HONNEUR DE LA GRANDE GUERRE

Les deux premiers tomes sont la réédition des planches de portraits parues dans *L'Illustration* de 1915 à 1919 reprenant les officiers, sous-officiers et soldats cités à l'ordre de l'armée ou décorés pour faits d'armes au cours de la Première Guerre mondiale. Ouvrages reliés, format 37 x 28 cm.
• Tome 1 : 1915-1917 (57,47 euros)
• Tome 2 : 1917-1919 (57,47 euros)

Les tomes suivants complètent les planches parues pendant la guerre, en fonction des mêmes critères de sélection, avec des biographies envoyées par les familles et d'autres retrouvées en archives.
• Tome 3 : 57,47 euros

• Tome 4 : 57,47 euros
• Index général des volumes 1 à 4 (7,62 euros)
Un volume 5 est prévu pour 2006 ou 2007.

LES BIOGRAPHIES
- Le temps s'en va... Souvenirs de Provence et du Maroc, E. Vidier (20 euros)
- Les familles Balthazard et Cotte : 200 ans de saga industrielle, P. Cotte (18,30 euros)
- Charles Cuny, un explorateur lorrain en Afrique, B. Levoir, I. Roy (21,34 euros)
- Charles Niellon, un aventurier bourguignon héros de révolution, MO. Mergnac (21,34 euros)
- Mon père, héros de la Grande Guerre (20 euros)
- Les optants d'Alsace-Lorraine à l'étranger (43 euros)
- La garde impériale et la campagne de 1814, Dictionnaire biographique des 6 000 morts, blessés et prisonniers, J.-P. Mir (43 euros)
- La campagne de 1814 au jour le jour + dictionnaire biographique des 2 000 officiers des autres régiments morts ou blessés, J.-P. Mir (34 euros)
- La bataille de Paris du 30 mars 1814 + dictionnaire biographique des pertes, J.-P. Mir (34 euros)
- Les 5 000 médaillés de Sainte-Hélène du département de l'Eure, dictionnaires biographiques, J.-P. Labadie (43 euros chaque tome) :
• tome 1 : canton d'Evreux
• tome 2 : cantons de Louviers et Pont-Audemer
• tome 3 : cantons de Bernay et Les Andelys
Austerlitz, 2 décembre 1805 : dictionnaire des morts et des blessés mortellement au combat, B. et M. Quitin (34 euros)

Catalogue complet sur demande à :
Archives & Culture, 26 bis rue Paul-Barruel,
75015 Paris
Vous pouvez aussi trouver tous nos livres sur Internet
(notrefamille.com, genealogie.com, geneanet.com)

Couverture : atelier Gérard Finel
Réalisation intérieure : Rachel Gaspaz

Achevé d'imprimer en avril 2008
sur les presses de l'imprimerie Corlet, France
ISBN 978-2-35077-033-8

26 bis, rue Paul-Barruel - 75015 Paris
Tél : 01 48 28 59 29 - Fax : 01 45 30 38 99
N° d'Imprimeur : 112152